de Caligrafía Moderna y LETTERING a Mano

UNA GUÍA PASO A PASO Y UN LIBRO DE TRABAJO CON TEORÍA, TÉCNICAS, PÁGINAS DE PRÁCTICA Y PROYECTOS PARA APRENDER A DIBUJAR LETRAS

¿Tiene alguna pregunta o duda?
Escríbanos. www.specialartbooks.com | support@specialartbooks.com

Obtén tus regalos

La creatividad no tiene límites.

Suscríbase a nuestro boletín y reciba este material gratuitamente.

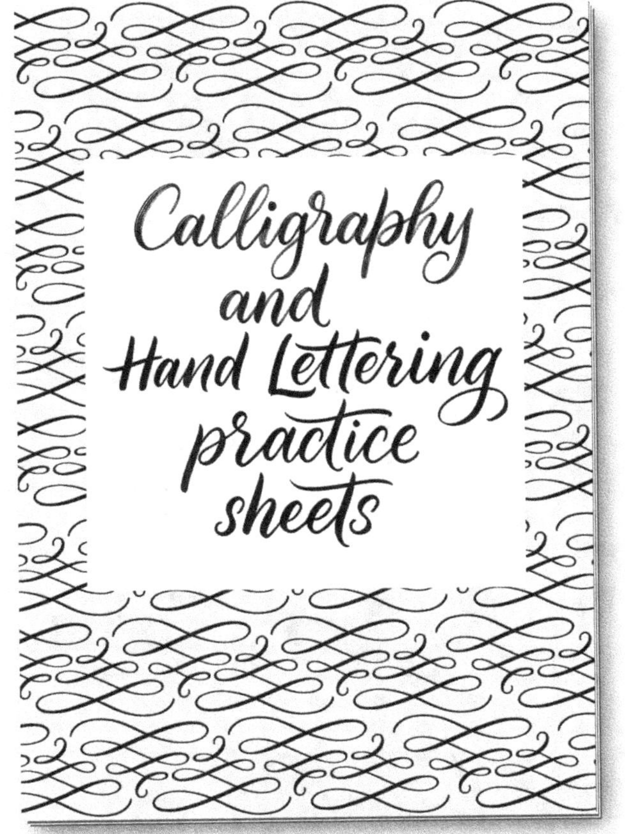

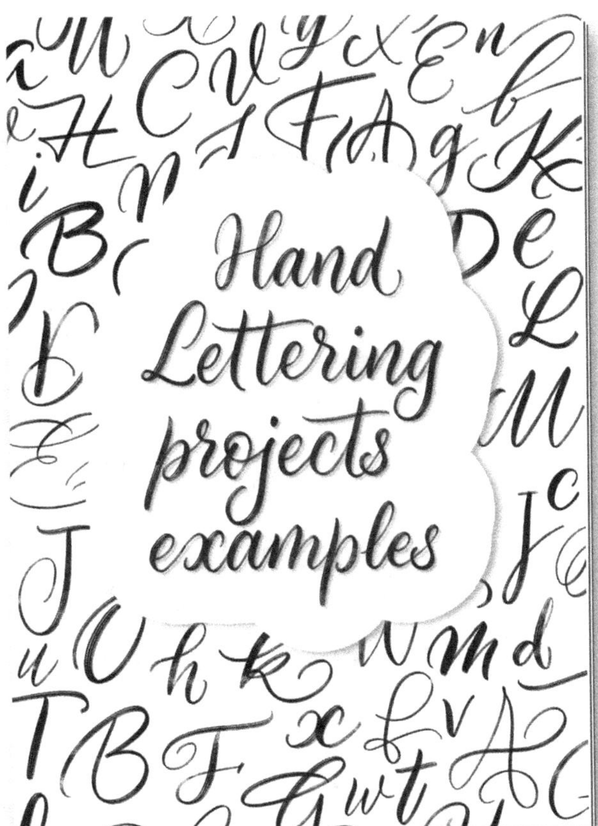

Descárgalo ahora gratis

Escanéame

Síguenos

www.specialartbooks.com/free-materials/

Y COMPARTE TUS CREACIONES

Instagram: @specialart_coloring

Grupo en Facebook: Special Art - Artwork

Sitio web: www.specialartbooks.com

Sueña en GRANDE trabaja DURO

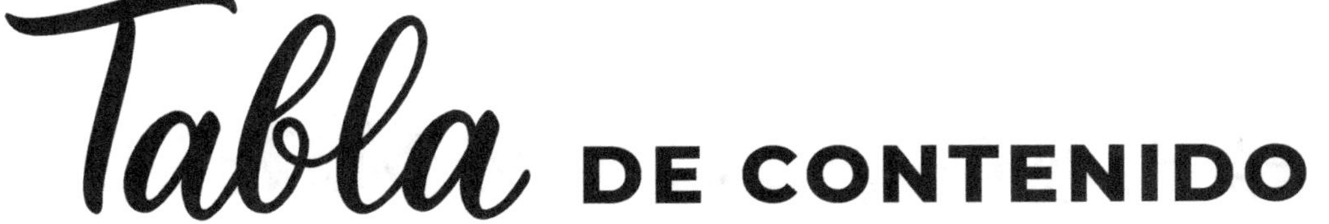 Tabla DE CONTENIDO

Demos una mirada
A LA HISTORIA

¿Cuál es la razón fundamental por la que escribimos?

Las personas escribimos porque necesitamos comunicar información. A lo largo de la historia, la humanidad siempre ha buscado la forma más conveniente de transmitir su conocimiento: inventó el papel, las herramientas de escritura, diferentes técnicas de impresión, grabados, sellos y estampas, las impresoras e incluso el internet.

La habilidad de escribir, y por tanto la de leer, era el privilegio de una pequeña capa de la sociedad.

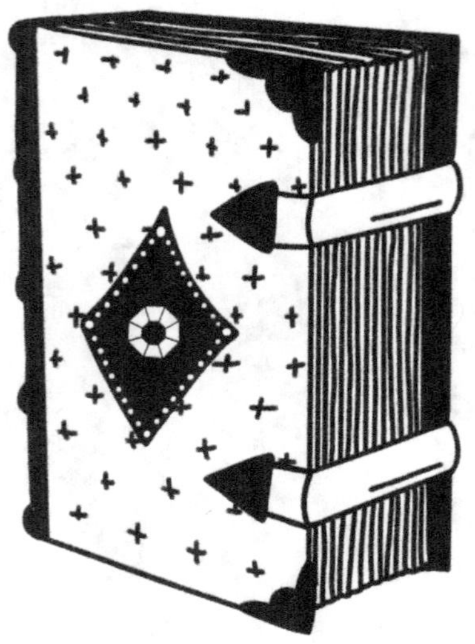

Los libros eran una rareza y tenían un alto valor. La transición de la escritura a mano a la impresión de libros fue, por tanto, un gran paso para toda la humanidad.

La imprenta era una prensa mecánica que se utilizaba para producir una gran cantidad de copias impresas.

El texto se escribía a partir de letras individuales. Cada letra y cada carácter, e incluso el espacio entre las letras, era un objeto de metal diferente.

El montaje de la página en uno de estos libros era cuidadosamente pensado y no había lugar para el azar.

Se prestaba particular atención a la forma de la letra en sí misma. Era importante que cada letra resistiera el mayor número de impresiones posibles. No debía correr pintura entre las partes de la letra. La letra debía poder leerse tanto en tamaño grande como en tamaño pequeño. Además de esto, había muchos otros detalles que afectaban la apariencia del producto impreso.

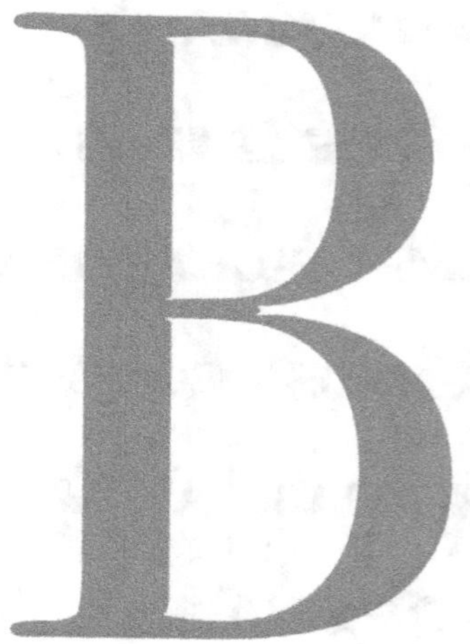

Las primeras fuentes o tipos de letra estaban, por supuesto, inspiradas en alfabetos escritos a mano, e incluso se procuraba imitarlos. Sin embargo, la forma de las letras en la caligrafía está basada en el movimiento de la mano y de las herramientas de escritura en manos del calígrafo.

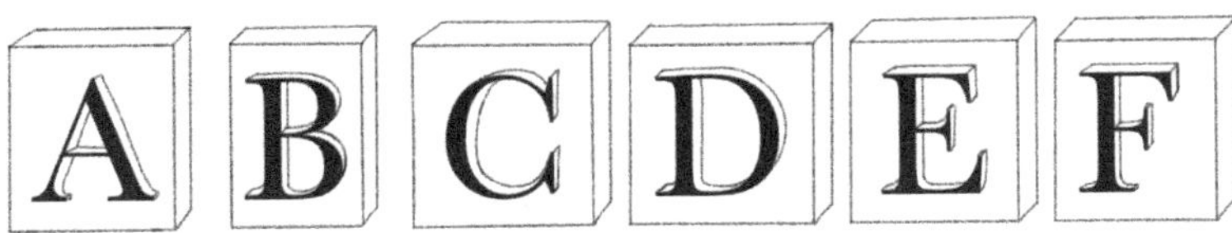

Las letras impresas son estáticas y siguen distintas reglas.
Estudiaremos esas reglas después, pero, por ahora, volvamos al arte de la caligrafía. Los maestros de la caligrafía tienen un muy buen sentido del espacio, incluido el espacio en el interior de las letras, entre las letras, entre las palabras y entre las líneas. Nuestras letras tienen diferentes formas, pero todavía los textos caligráficos se ven muy uniformes, como adornos.

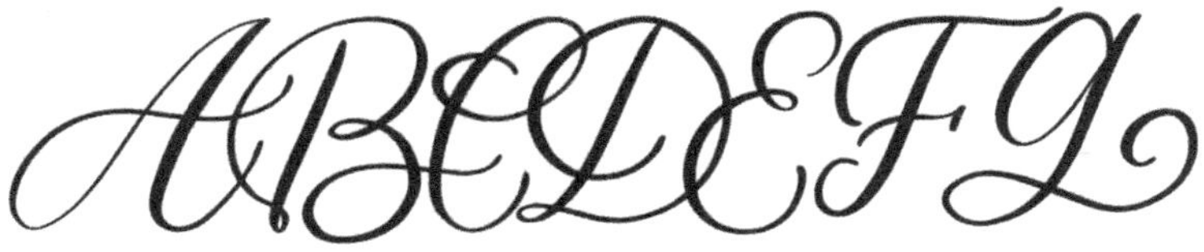

La caligrafía es dinámica. Esto significa que una misma letra se puede escribir de diferentes formas y hay muchas ligaduras, las cuales están formadas por 2 o más letras.

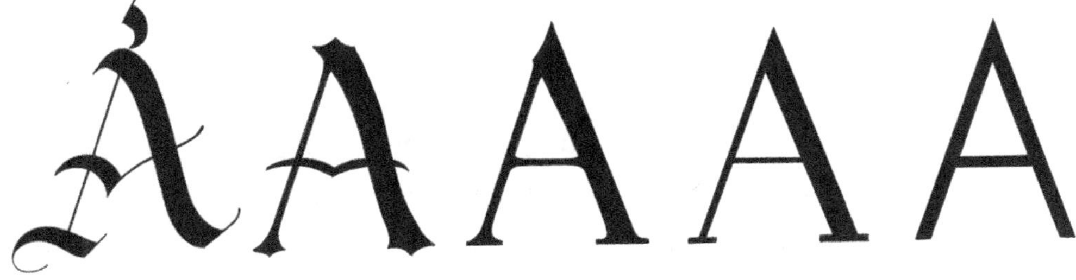

La creación de las fuentes tipográficas continuó, inevitablemente, por el camino de la simplificación. Con el fin de usar varias veces las letras para palabras distintas y combinarlas de formas diferentes, fue necesario que las letras tuvieran una apariencia más uniforme. Hubo que diseñar las letras de tal forma que pudieran aparecer en cualquier combinación, al igual que en un juego de construcción para niños.

Actualmente, en el mundo digital, las letras han renovado su capacidad para adaptarse y cambiar de acuerdo con su posición en la palabra.
Esta es la razón por la cual, en la actualidad, hay tantas personas interesadas en la caligrafía. Así que vamos a comenzar este emocionante viaje.

Herramientas

Entonces, ¿qué necesitas para comenzar este viaje?

Cuando empieces a buscar tu colección de herramientas, prepárate para las cosas más sorprendentes. Simplemente ten en cuenta que cualquier cosa que pueda dejar una marca en algo puede ayudarte.

Puede ser un cepillo de dientes, un palito o incluso un pepino, ¡siempre y cuando te inspire! No hay límites para la creatividad.

Así que, conozcamos la lista básica de materiales.

Lo esencial primero: un lápiz de dureza media.

En cuanto a bolígrafos, yo recomiendo escoger uno que proporcione una línea de grosor uniforme.

Rotuladores: Aquí, quiero dirigir tu atención a los rotuladores con punta cónica. Estos varían según el grosor de la línea, lo cual es muy importante para nosotros.

Un brush pen es un rotulador con punta en forma de pincel.

Una pluma estilográfica.

Caligrafía

La caligrafía es el arte de escribir bonito. Históricamente, cada estilo de escritura fue creado con base en la herramienta utilizada por el autor.

Para lograr una bonita escritura a mano, debes aprender ciertas reglas, que definirán qué materiales y herramientas utilizar.

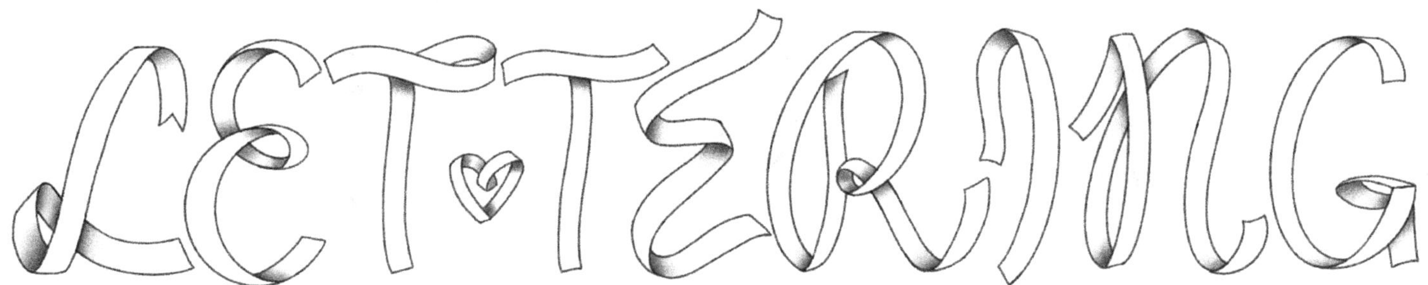

El lettering es el dibujo de las letras.

Esta definición implica que el grosor de la línea y la forma de las letras dependen de la creatividad del autor y no de la herramienta de escritura utilizada.
El lettering puede estar basado en la caligrafía o en diferentes tipos de letra.

Examinemos las principales
GRUPOS DE FUENTES TIPOGRÁFICAS

SERIF

Fuente Serif

Las serifas son remates pequeños que enmarcan los trazos principales de los caracteres.

La Serif clásica se usa para escribir textos básicos, ya que una fuente Serif puede marcar una gran diferencia en términos de legibilidad y ahorro de espacio.

Las serifas les brindan a los artistas del lettering una fantástica forma de agregar carácter a sus creaciones.

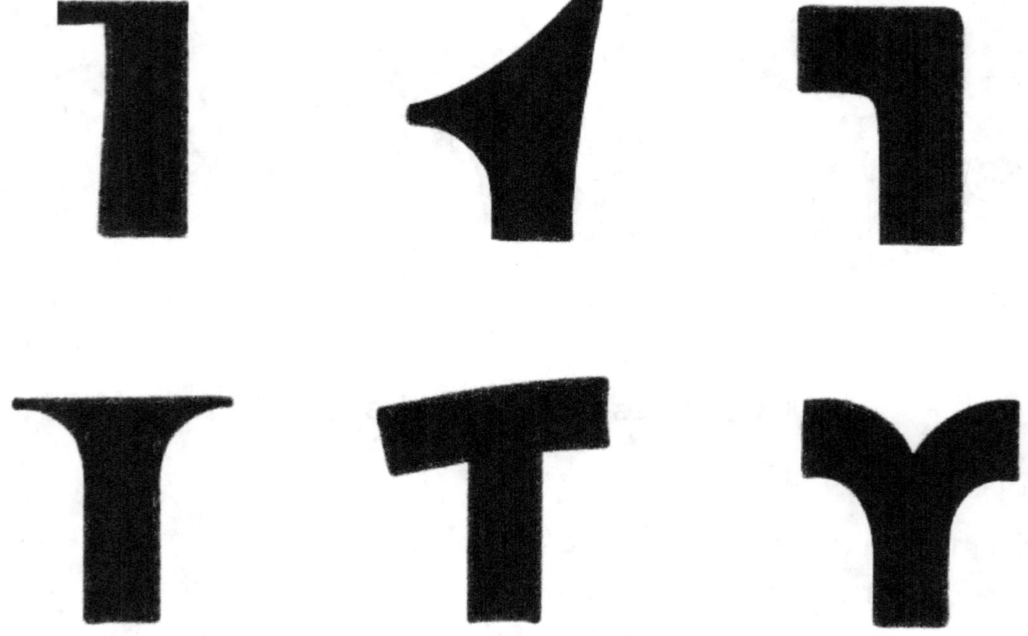

Las serifas pueden tener una o dos caras. Su forma puede variar: triangular, rectangular, redondeada, decorativa o incluso una delgada línea horizontal, entre otras.

SANS

Fuente Sans-Serif

Los tipos de letra sin serifas

Son mucho más recientes que las Serif; aparecieron por primera vez a finales del siglo XVIII. Al principio, eran utilizadas exclusivamente como un tipo de letra para enfatizar. No fue sino hasta el siglo XX que se empezaron a usar para la composición tipográfica.

La falta de incómodas serifas hace que funcionen mejor en las pantallas, lo que las hace perfectas para sitios web y aplicaciones.

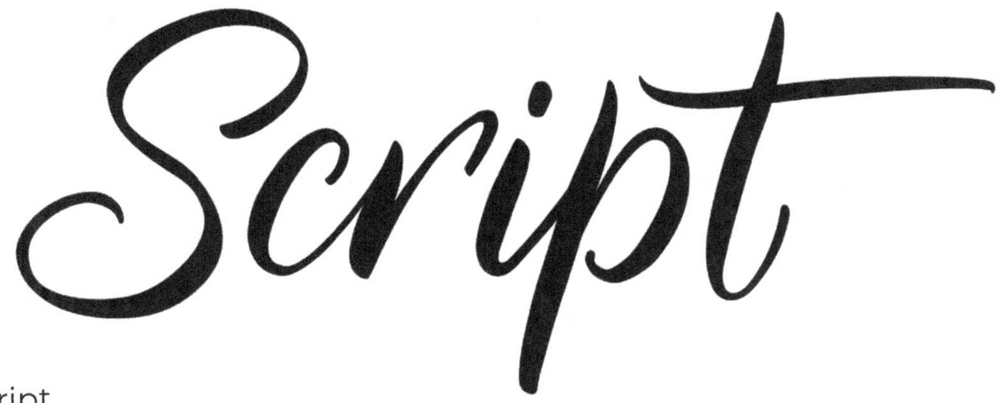

Fuente Script

Imitación de la caligrafía o escritura a mano.

Decorativas

Fuentes decorativas

Son fuentes extraordinarias. No están diseñadas para la composición tipográfica, son utilizadas para la señalización, titulares o anuncios. Son unas fuentes muy singulares e inusuales.

Práctica

Los elementos estructurales de la caligrafía son trazos gruesos hacia abajo y trazos finos hacia arriba.

La belleza de la escritura a mano reside en la distribución artística de los contrastes y la disposición rítmica de las líneas finas y las líneas gruesas.

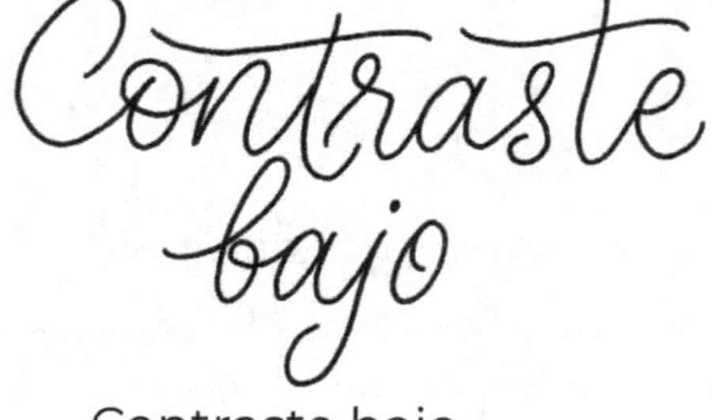

Contraste bajo

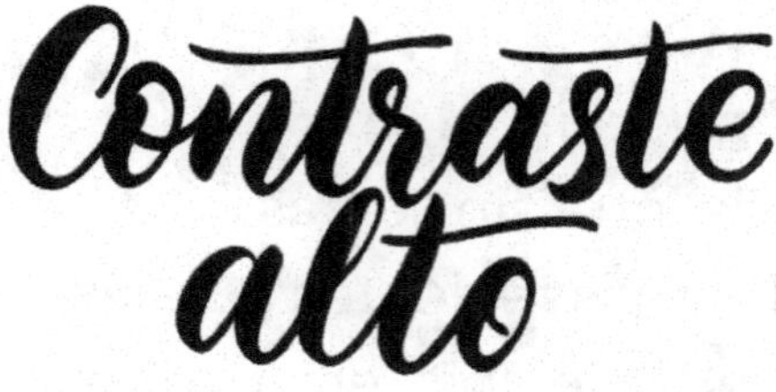

Contraste alto

Una pluma estilográfica:

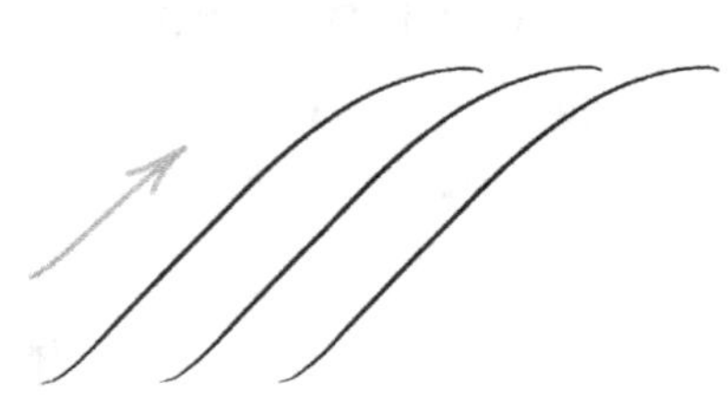

una línea sin presión

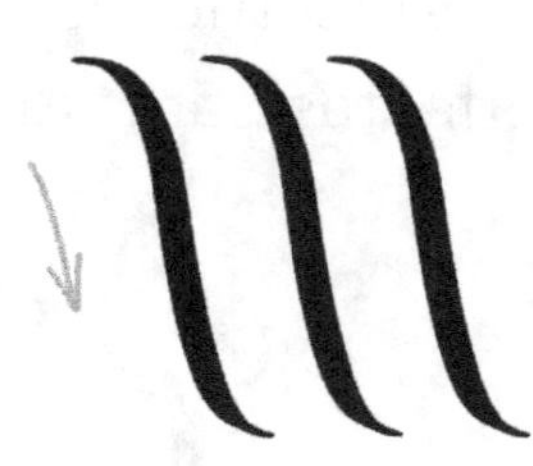

una línea con presión

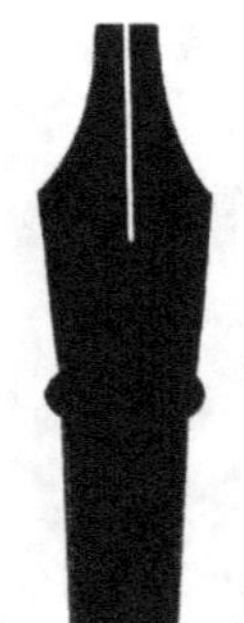

Un bolígrafo de punta gruesa:

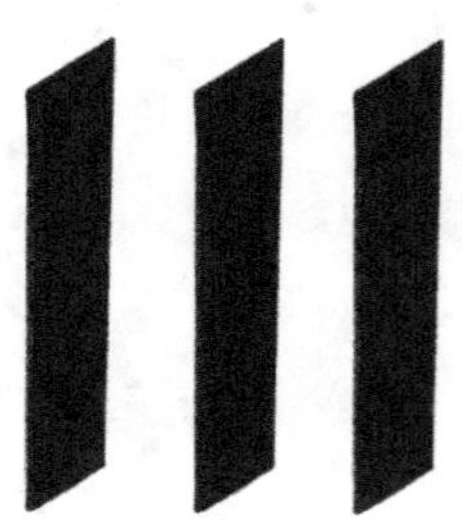

línea hacia abajo

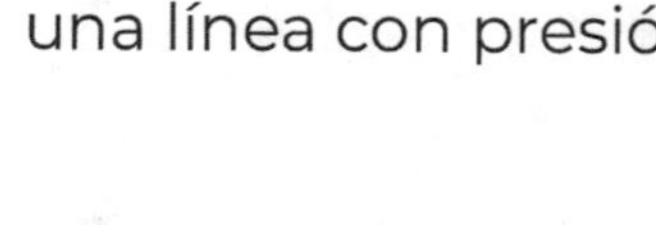

línea fina

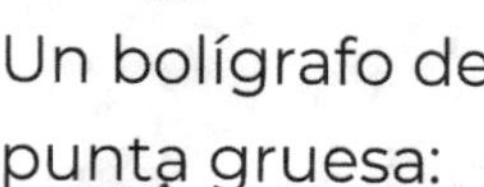

Pincel

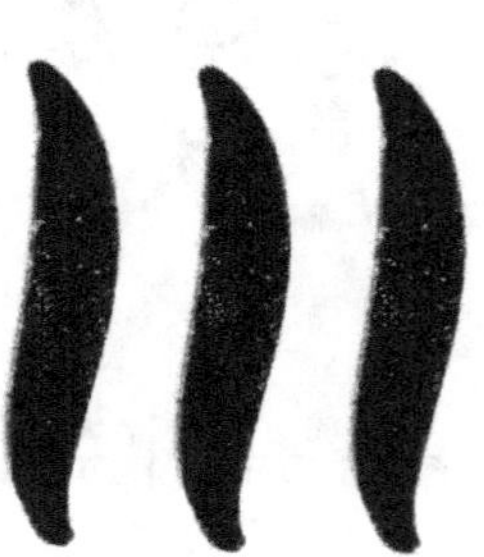

línea con presión

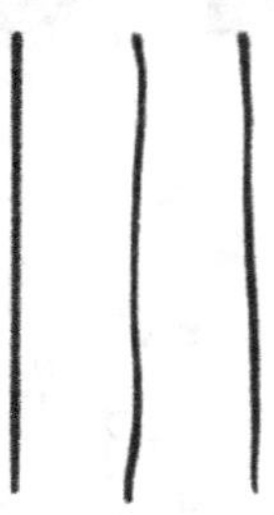

escribiendo con la punta del pincel

Anatomía DE LA LETRA

Demos un vistazo a las partes básicas.

Las astas ascendentes y descendentes son las partes más visibles.

Las astas ascendentes son las partes de la letra que se extienden por encima de la altura de una letra minúscula (la altura de la x), mientras que las descendentes se extienden por debajo de la línea base.

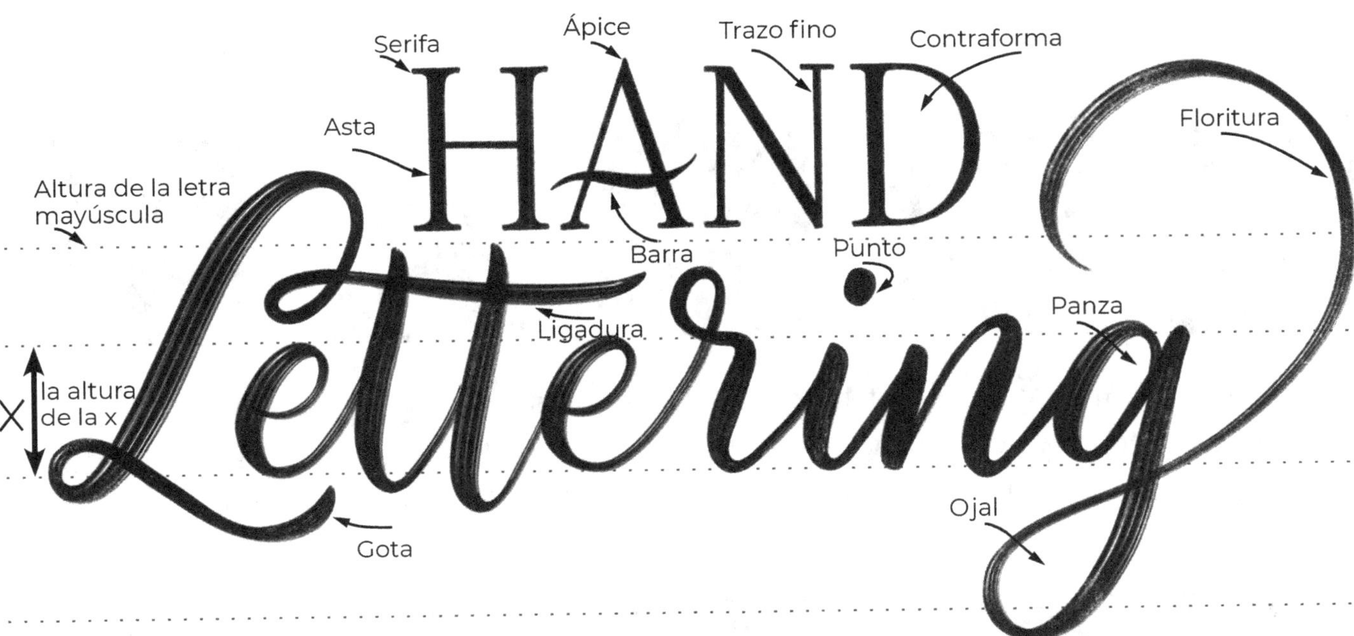

La altura de las mayúsculas es la línea que indica la altura de las letras mayúsculas. Observa que el borde superior redondeado del asta ascendente (La letra «L» en la palabra lettering) está por encima de esta línea.

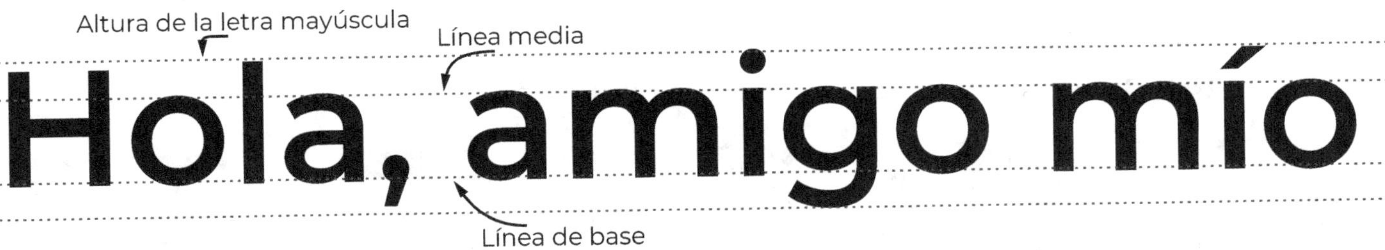

Esto también es visible en la fuente básica «Hola, amigo mío». Fíjate en las letras «a» y «o», sobresalen ligeramente de la línea central. Esto se debe a que el peso visual de una letra es más importante que su peso geométrico.

Por ello, los diseñadores de fuentes utilizan ilusiones ópticas para equilibrar visualmente estas letras con otras más grandes y menos redondeadas. Trataremos este tema con más detalle en el próximo capítulo.

Ilusiones ópticas EN LAS LETRAS

Las ilusiones ópticas son errores en la percepción visual causados por faltas en la precisión o por procesos inadecuados que ocurren durante una corrección inconsciente de imágenes visuales. Nuestro cerebro nos engaña al analizar los datos de manera errónea. Esto ocurre porque nuestra percepción visual del tamaño y la forma de un objeto depende del contexto en el que lo vemos.

Los diseñadores de fuentes tipográficas se enfrentan con más frecuencia a la ilusión óptima de la percepción del tamaño.

Si un cuadrado, un círculo o un triángulo se colocan sobre la misma línea base, sus formas parecerán de tamaños diferentes; el cuadrado parecerá la figura más grande, seguido por el triángulo y, por último, por el círculo, que parecerá el más pequeño.

Para lograr que las figuras se vean semejantes, debemos compensar la ilusión óptica agrandándolas, de tal forma que nos parezcan del mismo tamaño.

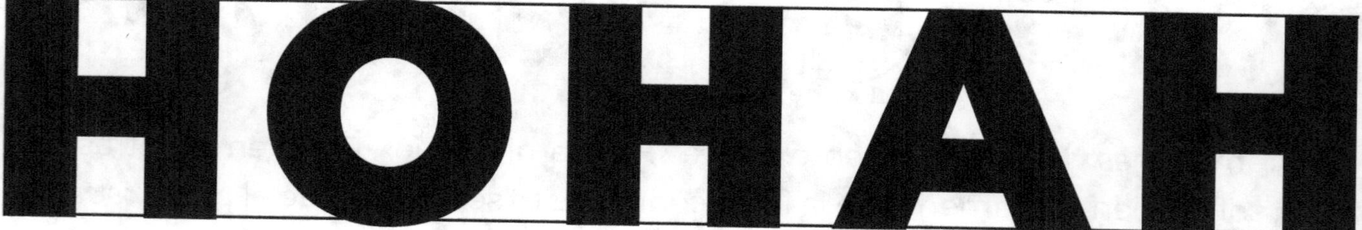

Lo mismo ocurre con las letras. Las letras que tienen ángulos redondeados o agudos parecen más pequeñas que las demás letras cuando están sobre la misma línea base. En consecuencia, debemos compensar esta ilusión dejando esas letras por fuera de la línea base.

Si dibujamos las letras H y N con la misma amplitud, la N parecerá ligeramente más angosta que la H. Esto ocurre porque la línea diagonal de la N ocupa más espacio dentro de la letra que el trazo horizontal de la H. Para compensar la ilusión óptica, la N debe hacerse ligeramente más ancha que la H.

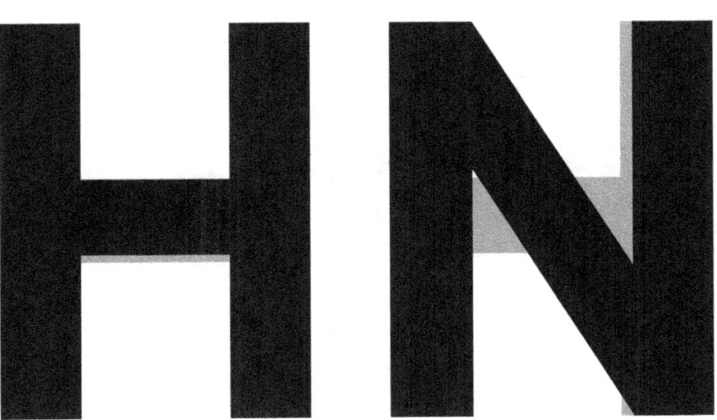

Los trazos horizontales parecen más gruesos que los verticales, por esto, para obtener letras con un trazo de grosor constante, necesitas hacer los trazos horizontales ligeramente más finos que los verticales.

Un círculo perfectamente redondo tiene una apariencia achatada, mientras que uno alargado verticalmente parece cuadrado. Así que, para dibujar una O visualmente redonda, debes compensar la distorsión visual.

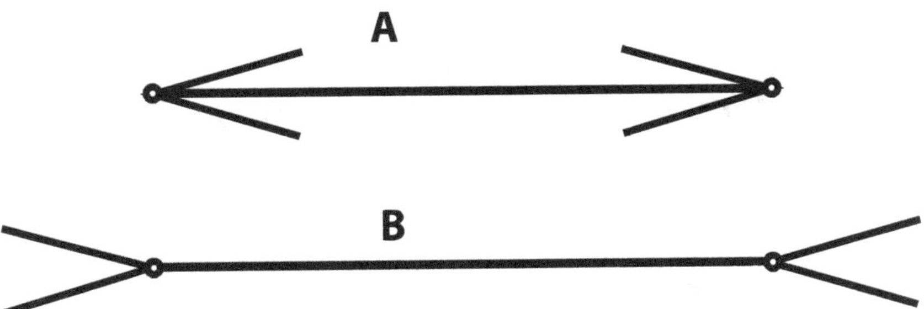

¿Cuál segmento de línea es más largo, A o B?
En realidad, aunque la línea B parece mucho más larga, ambas líneas son absolutamente iguales en longitud.

Hay muchos más ejemplos de cómo la forma transforma la visión, de cómo el tamaño se altera por los objetos que lo rodean y muchos otros casos más.
El proceso de construcción de las letras consiste en seguir una gran cantidad de reglas. Sin embargo, la caligrafía es una forma de escritura a mano en la cual el calígrafo confía más en su percepción visual que en la regla.
El uso intuitivo de las reglas llega con la práctica.

Comencemos

Vamos a empezar con uno muy simple y a sentir la maestría artística incluso en las letras más sencillas.
Siente cómo el espacio dentro de la letra desaparece. Estas letras son el esqueleto, la base, que podremos después transformar en una gran variedad de letras decorativas.

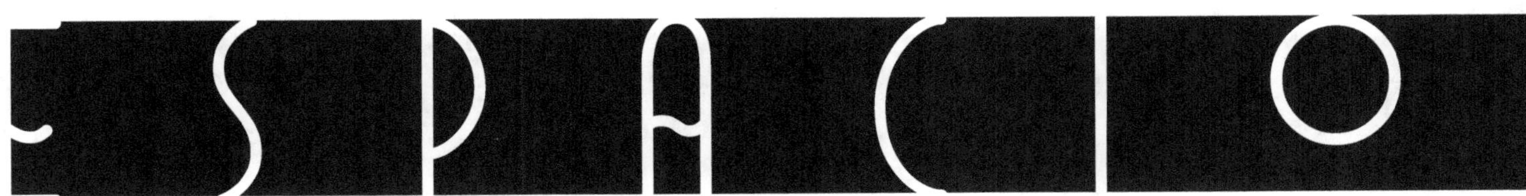

Por el momento, vamos a trabajar en la firmeza de la mano. Nuestra mano debe ser capaz de reproducir la imagen que aparece en nuestra mente.

Tómate tu tiempo y escribe todas las letras lenta y cuidadosamente.

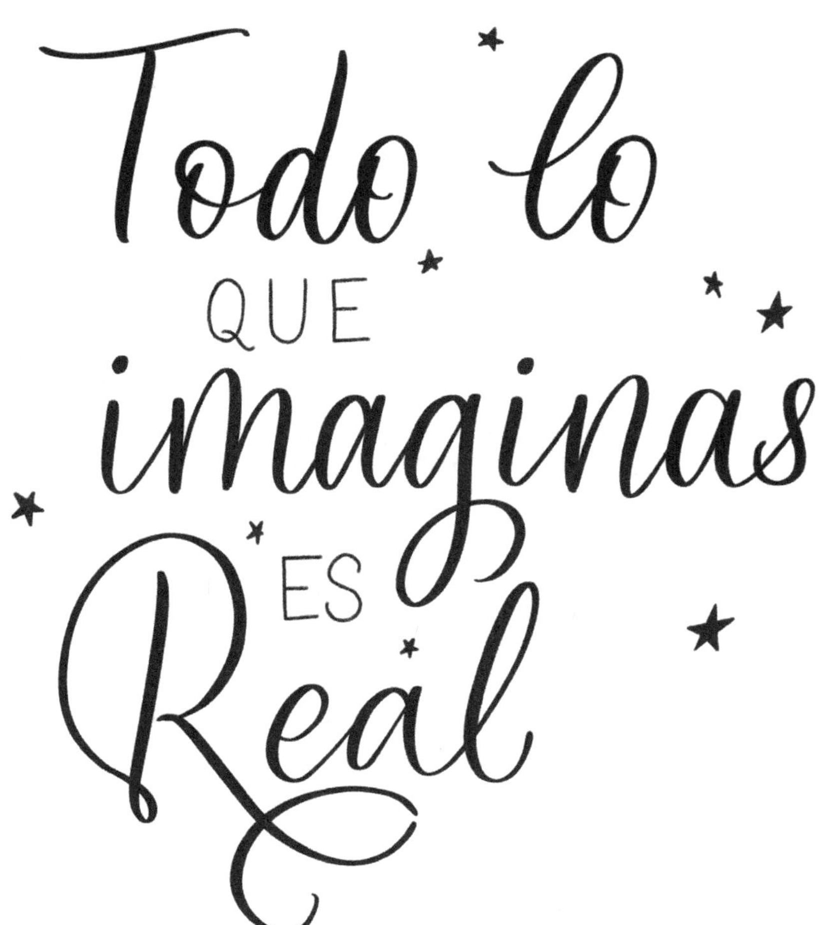

ALFABETO SANS SERIF

Tómate tu tiempo y escribe todas las letras lenta y cuidadosamente.

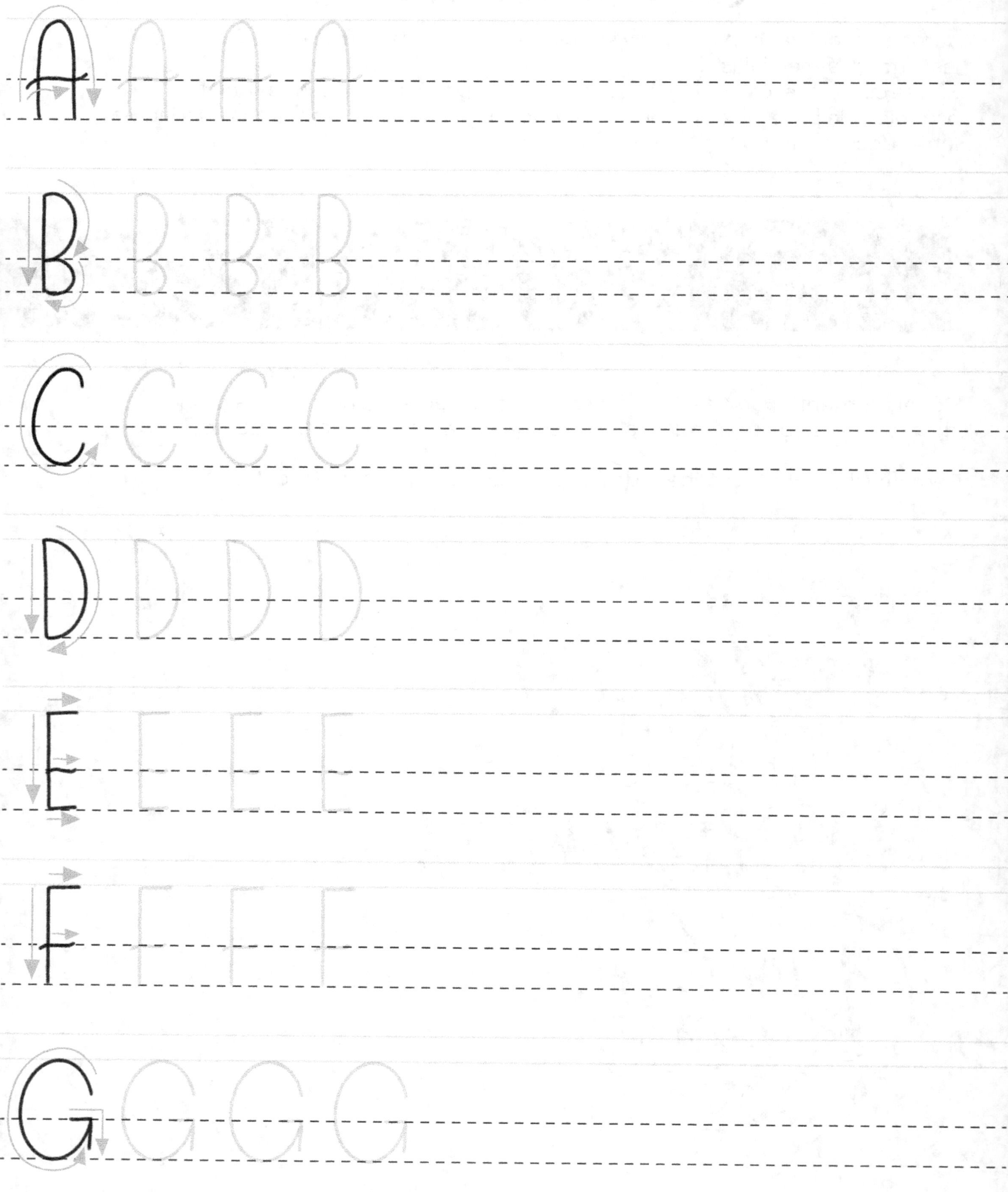

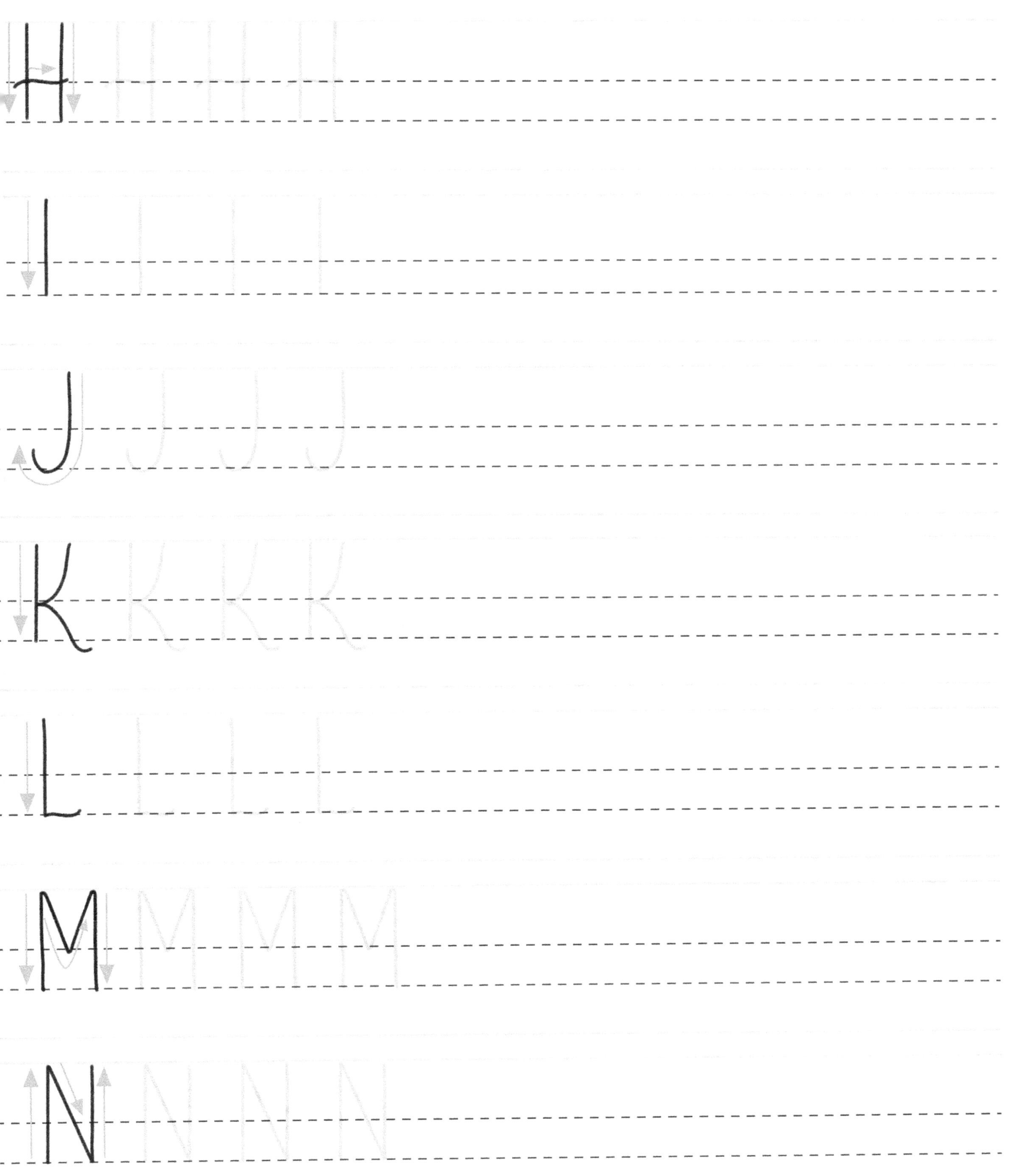

ALFABETO SANS SERIF

Tómate tu tiempo y escribe todas las letras lenta y cuidadosamente.

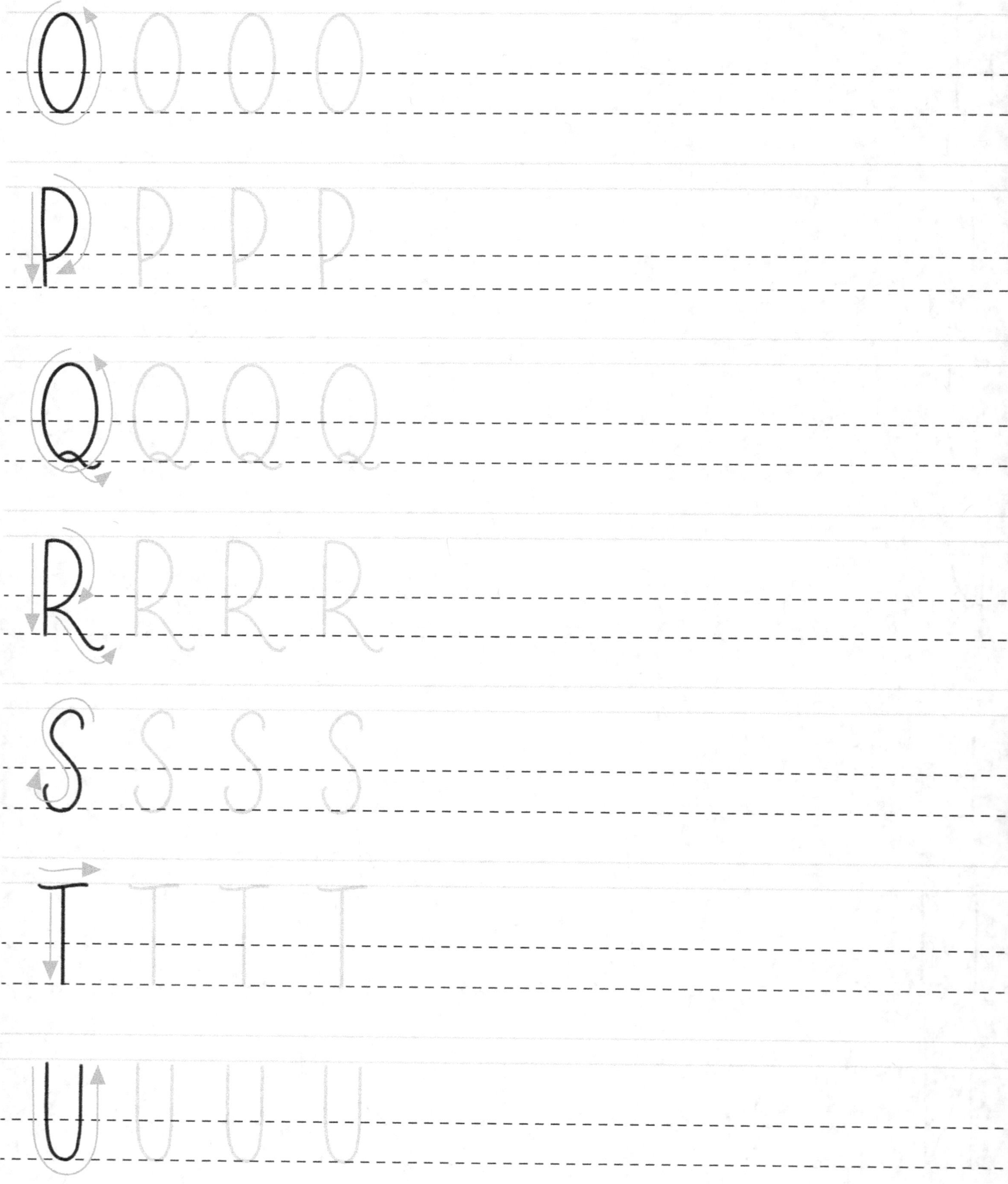

Primero
ELLOS MIRAN,
Después
ODIAN
Después
COPIAN

Caligrafía MOLOLINEAL

¡Ya estamos a un paso del
mundo de las letras!

La siguiente fuente monolineal es especialmente apropiada para principiantes. Ella
te ayudará a lograr una consistencia suave en tus trazos y a desarrollar tu memoria
muscular.

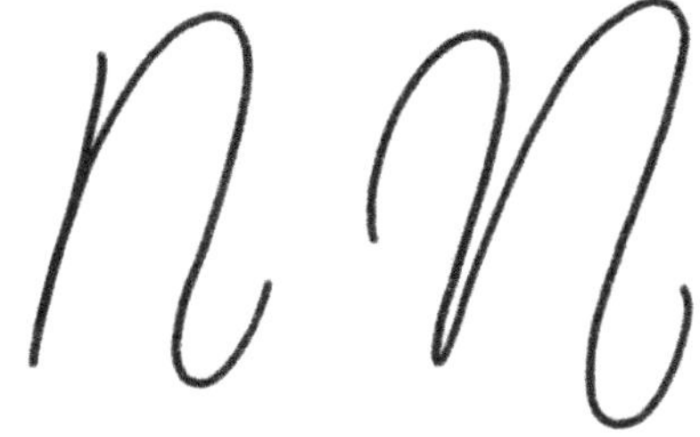

Agrega un espacio entre las letras.

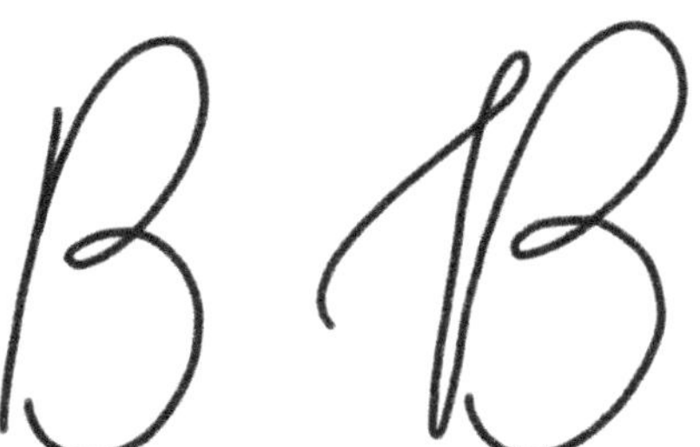

No escribas sobre la misma línea, deja un espacio.

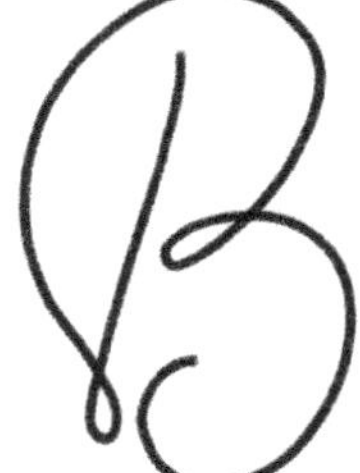

ALFABETO MONOLINEAL BÁSICO

Comienza a practicar ahora siguiendo la dirección de los trazos.

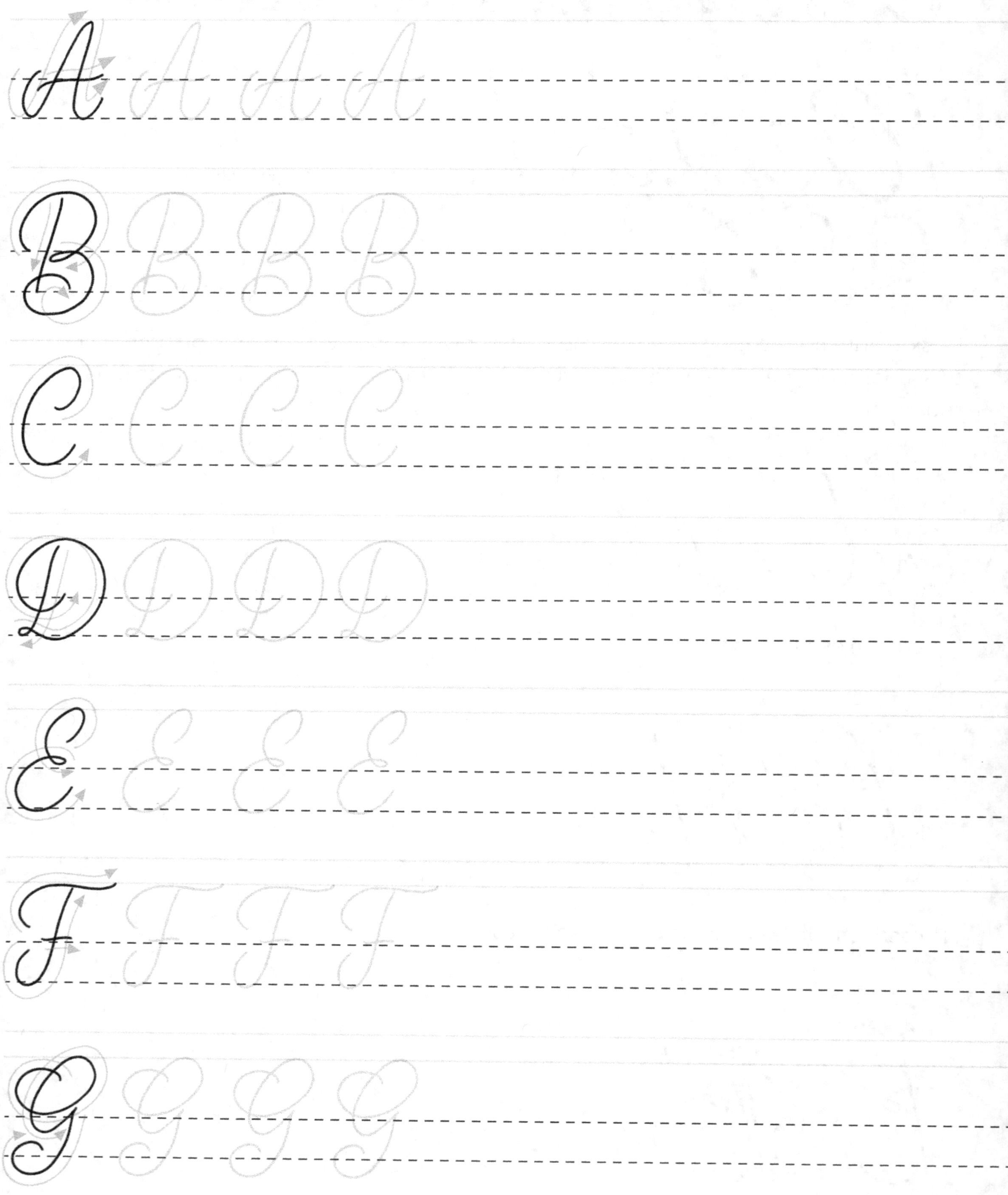

Usa el espacio en blanco para practicar por separado.

ALFABETO MONOLINEAL BÁSICO

Comienza a practicar ahora siguiendo la dirección de los trazos.

Usa el espacio en blanco para practicar por separado.

ALFABETO MONOLINEAL BÁSICO

Comienza a practicar ahora siguiendo la dirección de los trazos.

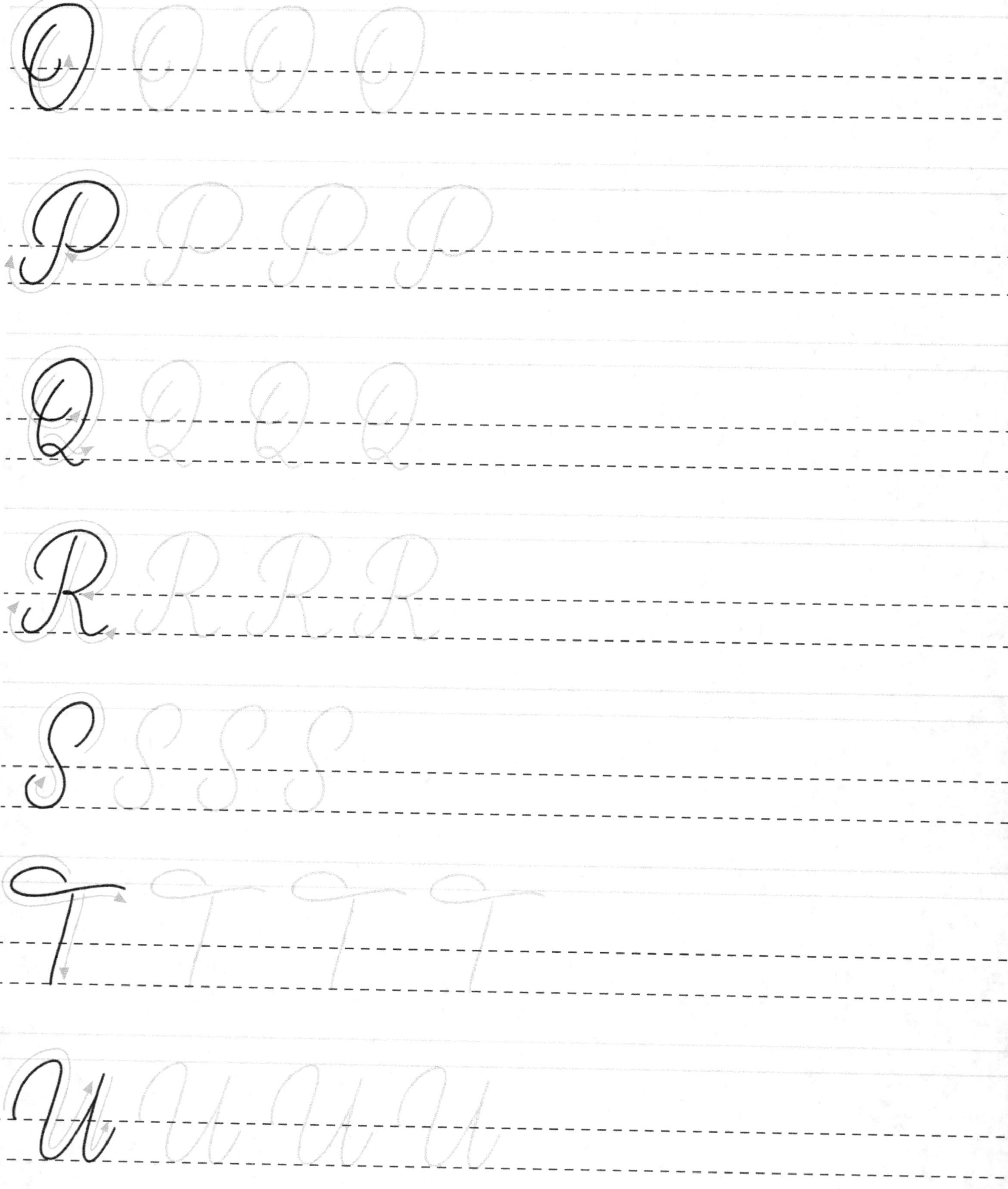

Usa el espacio en blanco para practicar por separado.

ALFABETO MONOLINEAL BÁSICO

Comienza a practicar ahora siguiendo la dirección de los trazos.

Usa el espacio en blanco para practicar por separado.

ALFABETO MONOLINEAL BÁSICO

Comienza a practicar ahora siguiendo la dirección de los trazos.

a a a a

b b b b

c c c c

d d d d

e e e e

f f f f

g g g g

Usa el espacio en blanco para practicar por separado.

ALFABETO MONOLINEAL BÁSICO

Comienza a practicar ahora siguiendo la dirección de los trazos.

h h h h h

i i i i i

j j j j j

k k k k k

l l l l l

m m m m m

n n n n n

Usa el espacio en blanco para practicar por separado.

ALFABETO MONOLINEAL BÁSICO

Comienza a practicar ahora siguiendo la dirección de los trazos.

o o o o

p p p p

q q q q

r r r r

s s s s

t t t t

u u u u

Usa el espacio en blanco para practicar por separado.

ALFABETO MONOLINEAL BÁSICO

Comienza a practicar ahora siguiendo la dirección de los trazos.

Usa el espacio en blanco para practicar por separado.

CALIGRAFÍA CON *Brush pen*

Ahora vamos a conocer las herramientas caligráficas que se pueden usar para dibujar líneas de grosores diferentes. Para esto, usa un rotulador con punta de pincel o un rotulador con punta cónica.

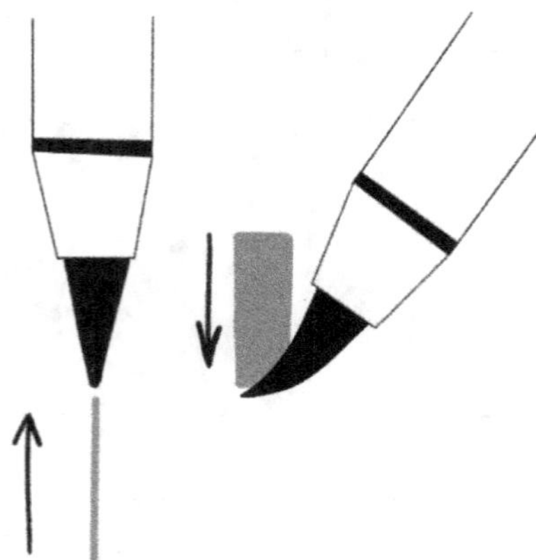

Con estas herramientas, es importante considerar tanto la forma en la que dibujas los trazos de las letras como el orden en el que los dibujas. La regla básica es que los trazos descendentes deben ser más gruesos, mientras que los ascendentes son más finos. Esta es la forma en la que se utiliza una pluma en caligrafía: ¡porque es imposible escribir un trazo ascendente grueso con una pluma!

Comencemos con el trazo descendente y con el nivel de presión.

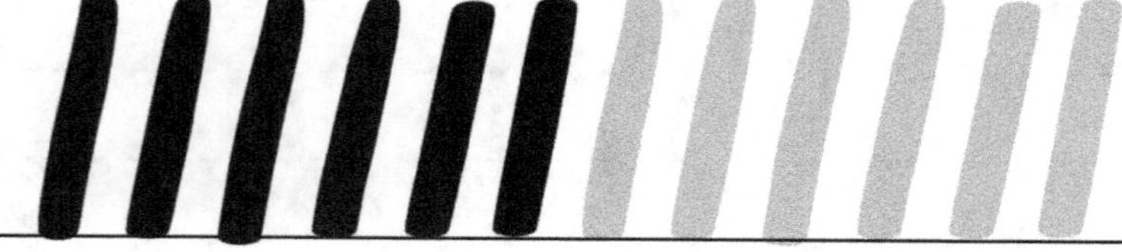

No presiones el rotulador de forma vertical, ya que esto hará que se tuerza la punta y que pierda su forma rápidamente. Para dibujar una línea gruesa, inclina el rotulador de una forma más paralela a la mesa.

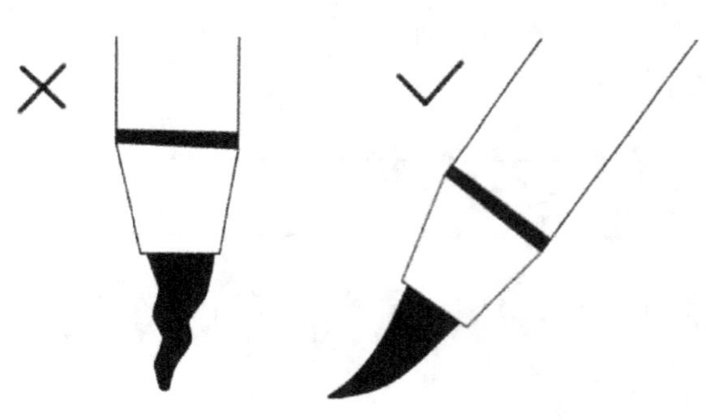

Ahora dibuja suavemente el trazo ascendente con la punta del rotulador.

Ahora debes aprender cómo hacer un cambio suave de una línea fina a una línea gruesa.

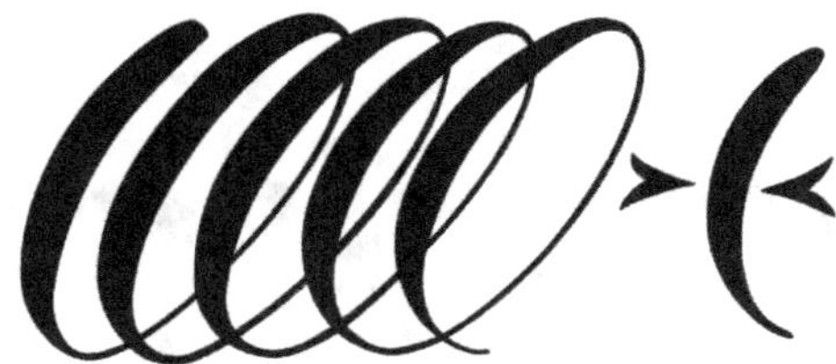

Aplica presión suavemente a medida que mueves tu mano hacia abajo.
Libera la presión gradualmente hacia el final de la línea y pasa suavemente al siguiente trazo sin aplicar presión.

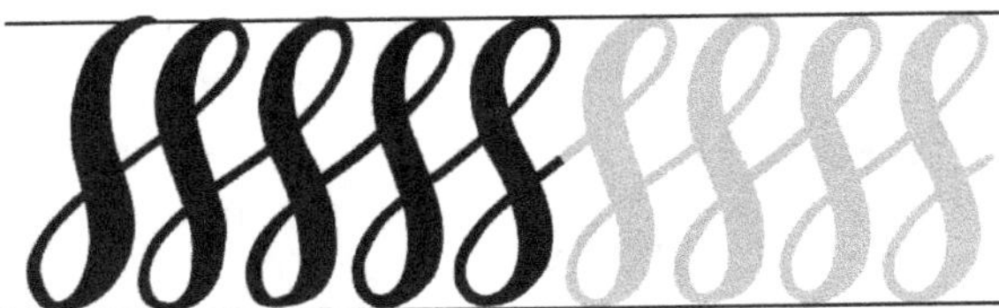

El mayor nivel de presión.

Si eres principiante, te aconsejamos que hagas muchos ejercicios para que comprendas el movimiento de la mano y puedas agregar un poco de arte a tus letras más adelante.
Los trazos son una excelente forma de agregarle personalidad a una letra.

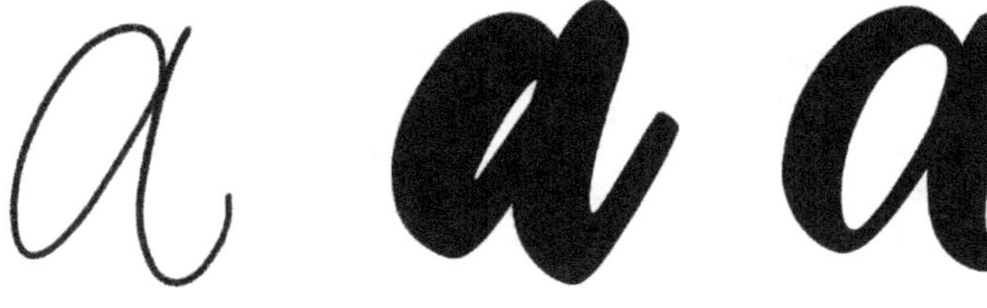

Cuando escribas letras de diferente grosor, recuerda siempre dejar más espacio para las líneas más gruesas, de tal forma que las líneas no se unan. La trayectoria de tu mano debe ser decididamente amplia.

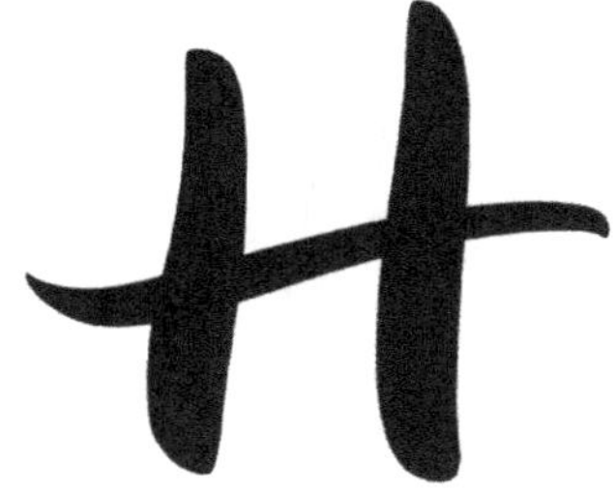

Las líneas finas y las líneas gruesas no se intersecan. Los trazos horizontales deben dibujarse usando trazos finos.

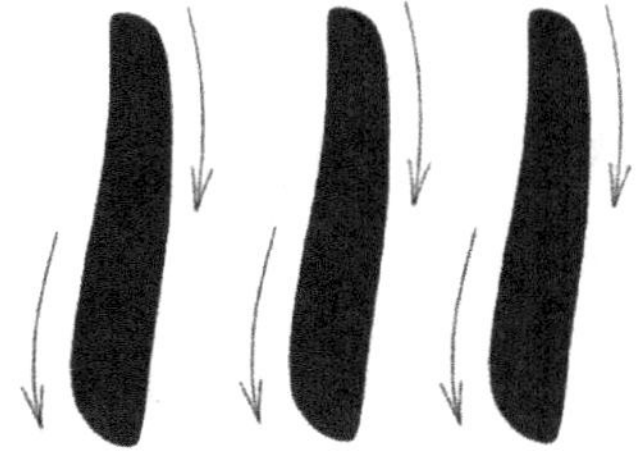

Haz una ligera curva, esto hace que la línea se vea más elegante.

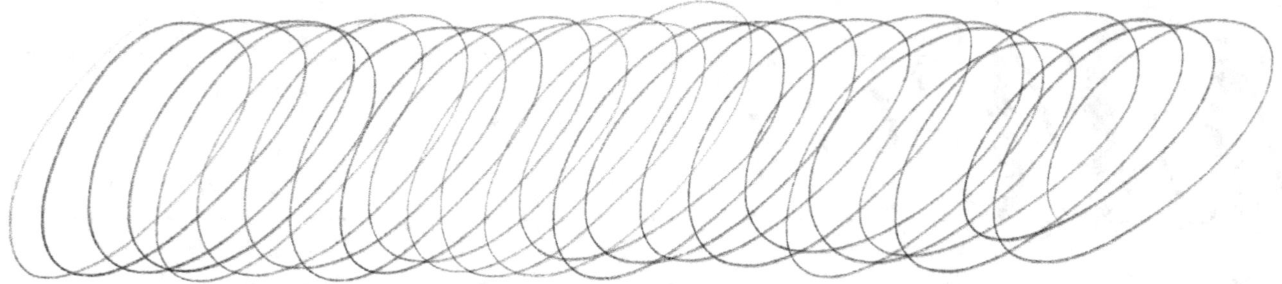

Si sientes demasiada tensión en tu mano, haz un ejercicio de relajación para tu brazo: dibuja una espiral moviendo la mano hacia afuera de tu hombro sin mover la muñeca.

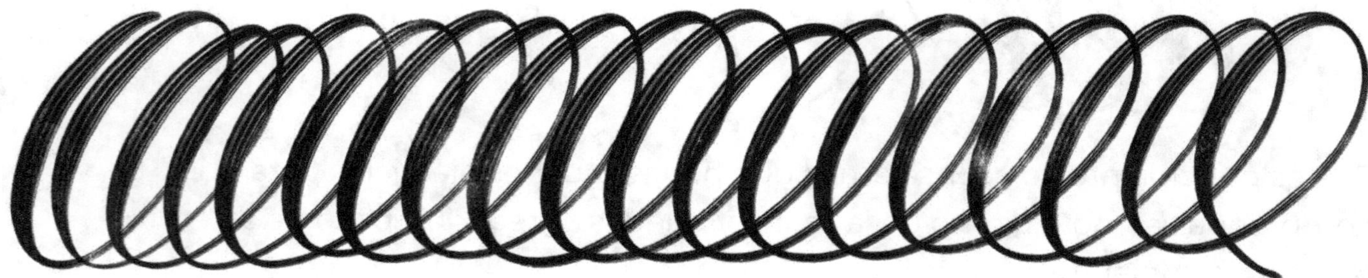

Trata de escribir desde tu hombro con más frecuencia, así habrá más espacio entre tus líneas.

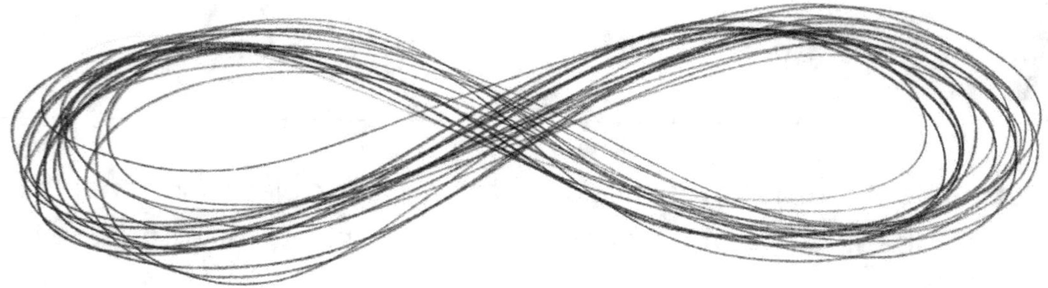

Prueba diferentes escalas para practicar caligrafía.

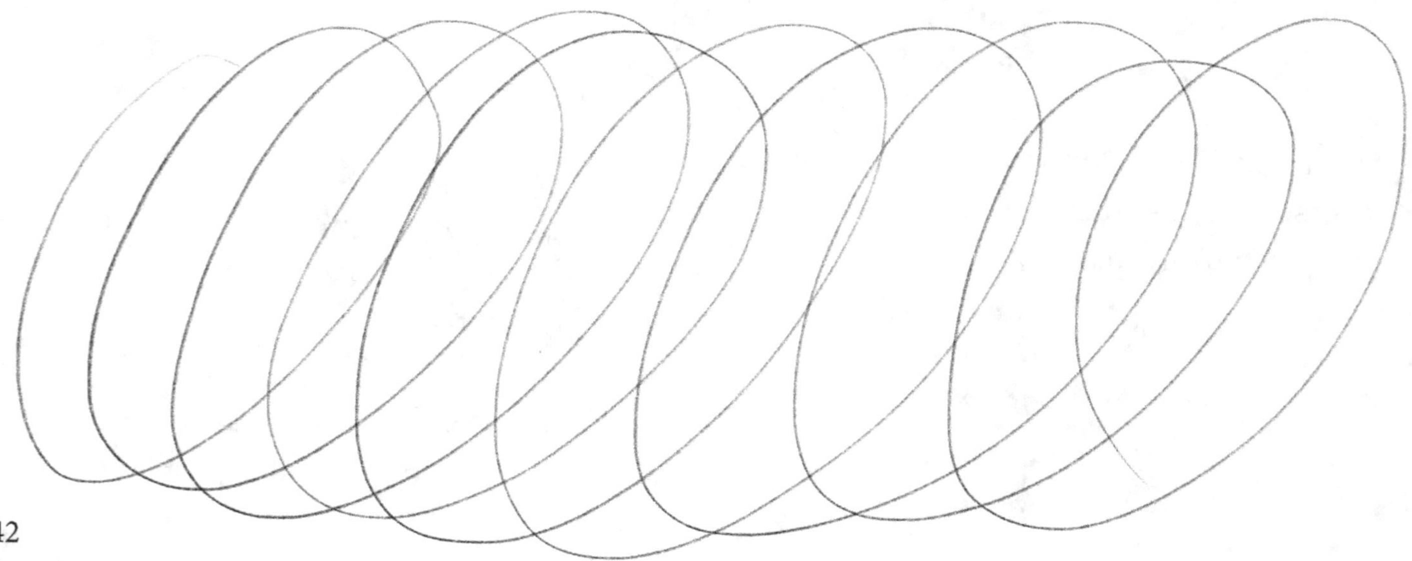

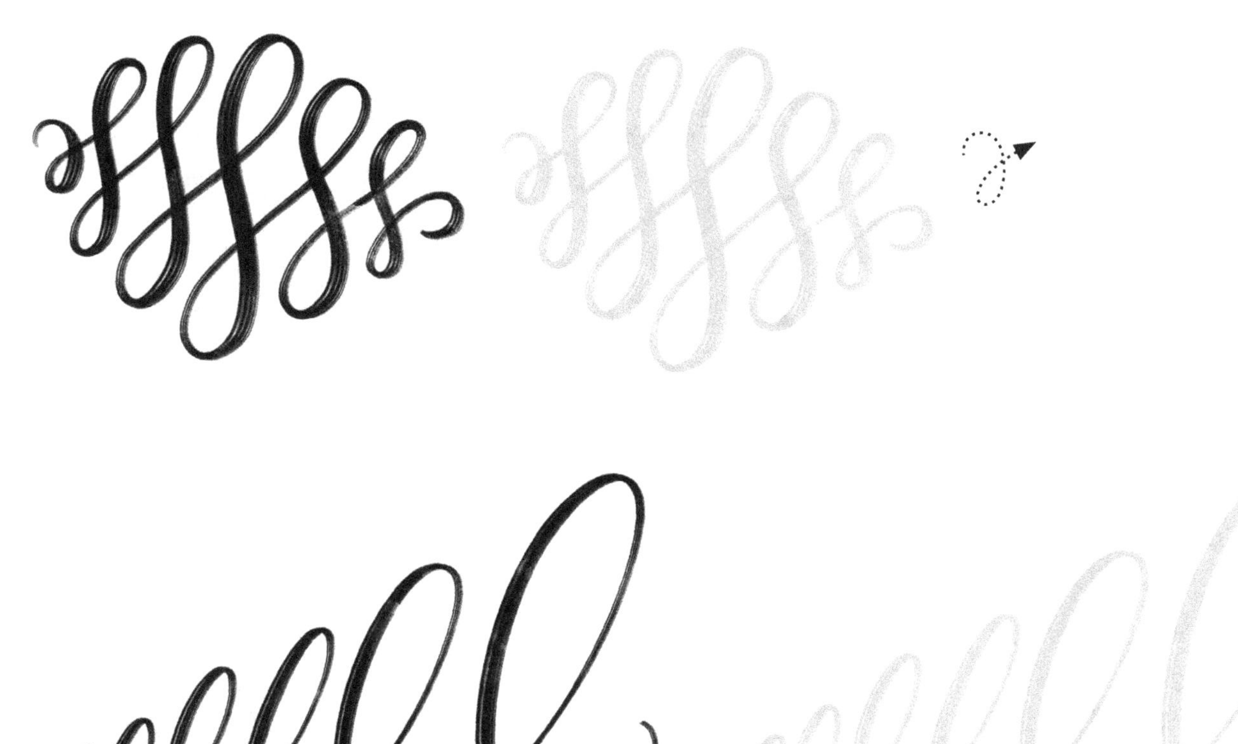

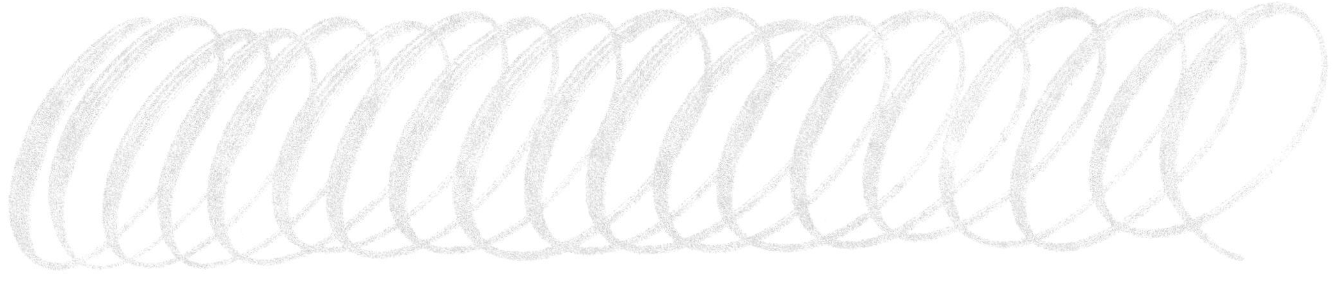

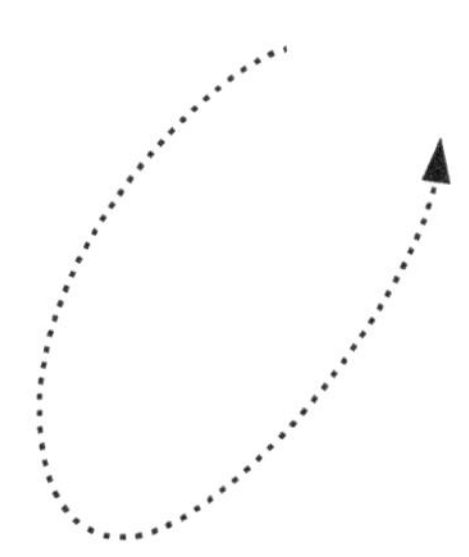

ALFABETO BÁSICO DE BRUSH LETTERING

Comienza a practicar ahora siguiendo la dirección de los trazos.

ALFABETO BÁSICO DE BRUSH LETTERING

Comienza a practicar ahora siguiendo la dirección de los trazos.

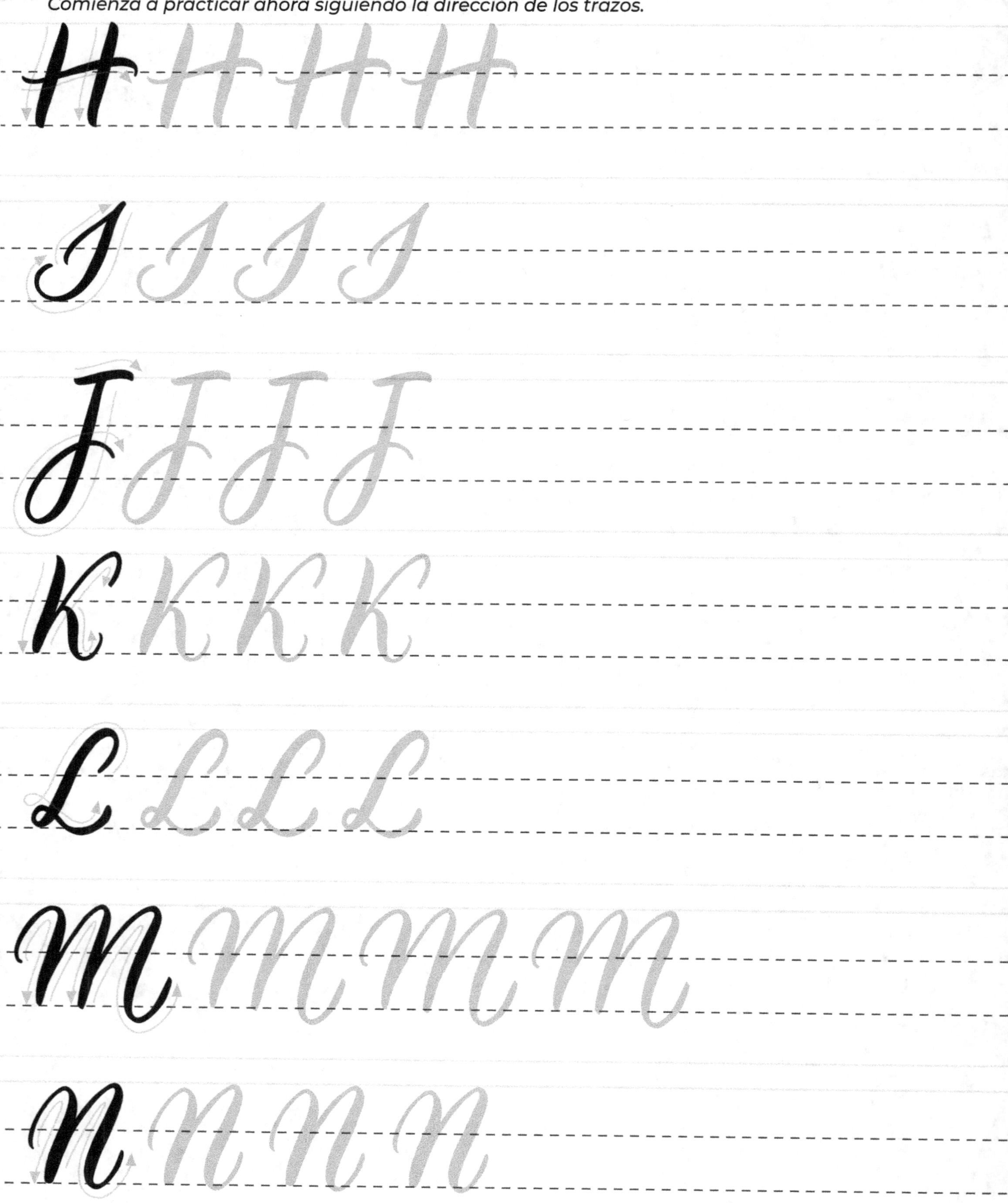

ALFABETO BÁSICO DE BRUSH LETTERING

Comienza a practicar ahora siguiendo la dirección de los trazos.

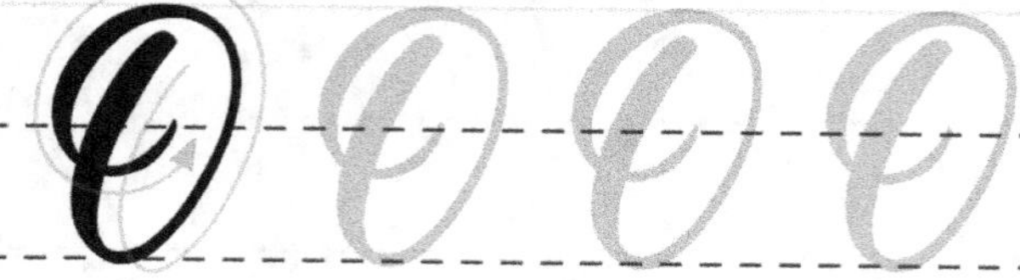

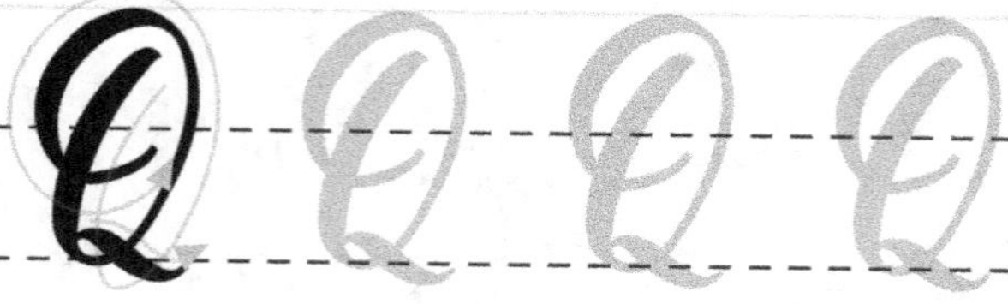

ALFABETO BÁSICO DE BRUSH LETTERING

Comienza a practicar ahora siguiendo la dirección de los trazos.

ALFABETO BÁSICO DE BRUSH LETTERING

Comienza a practicar ahora siguiendo la dirección de los trazos.

a a a a a

b b b b

c c c c

d d d d

e e e e

f f f f

g g g g

ALFABETO BÁSICO DE BRUSH LETTERING

Comienza a practicar ahora siguiendo la dirección de los trazos.

ALFABETO BÁSICO DE BRUSH LETTERING

Comienza a practicar ahora siguiendo la dirección de los trazos.

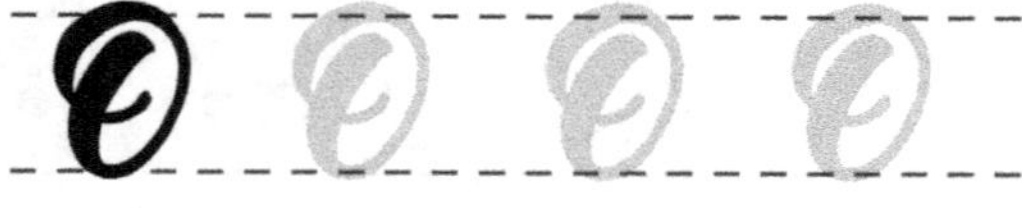

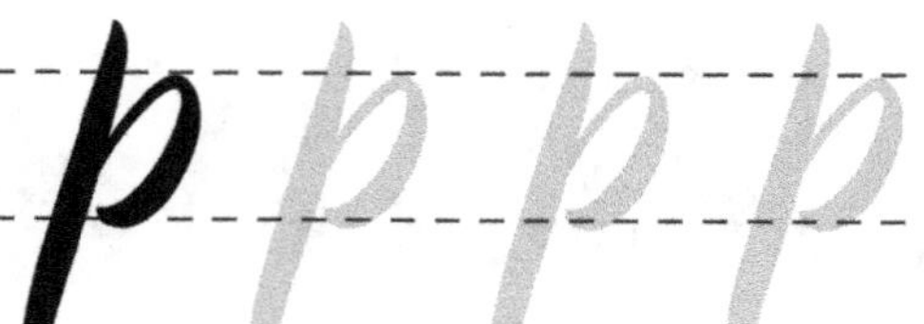

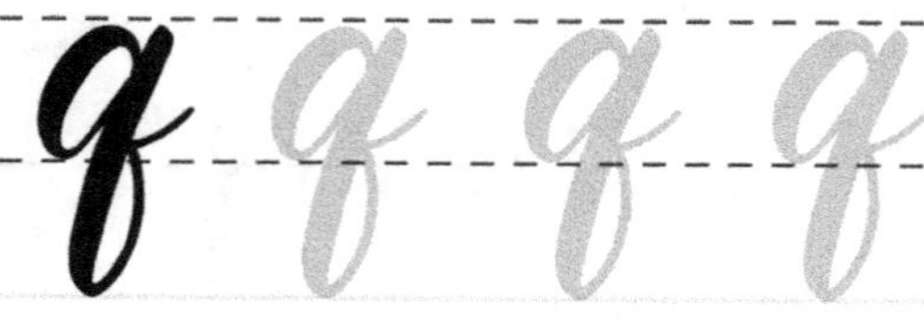

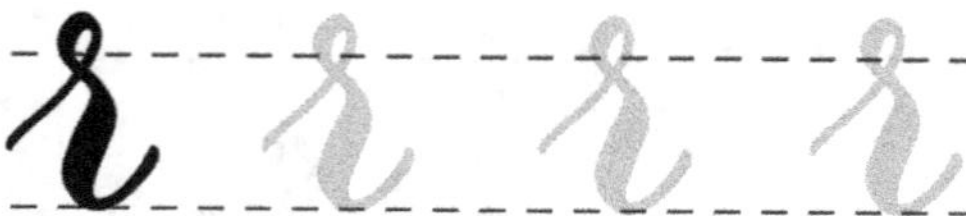

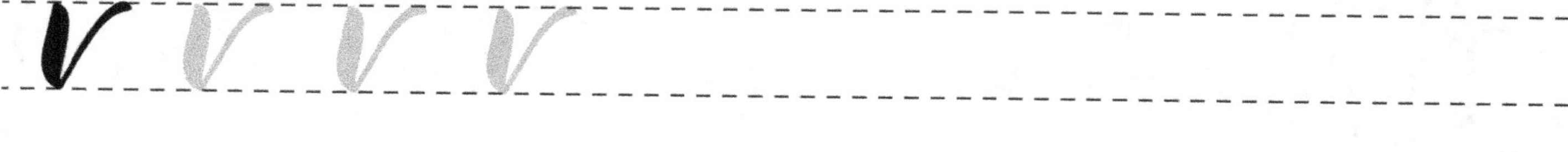

ALFABETO BÁSICO DE BRUSH LETTERING

Comienza a practicar ahora siguiendo la dirección de los trazos.

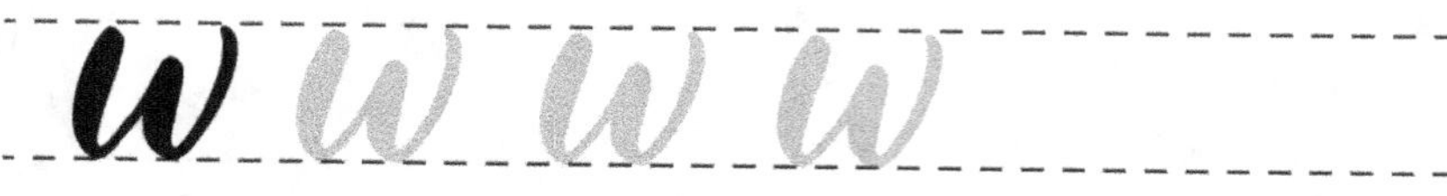

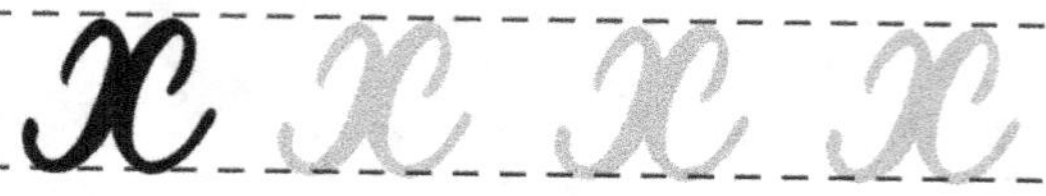

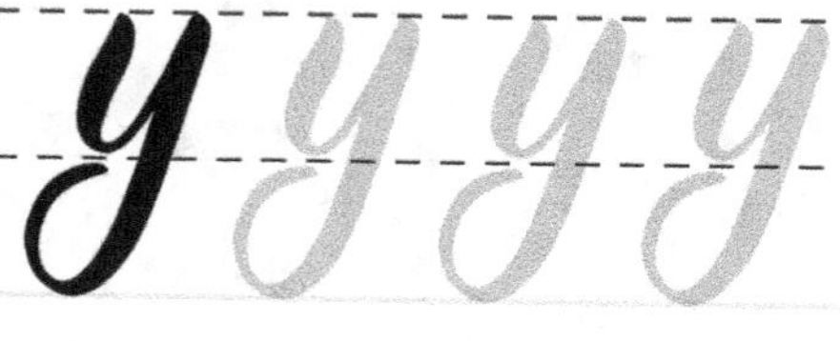

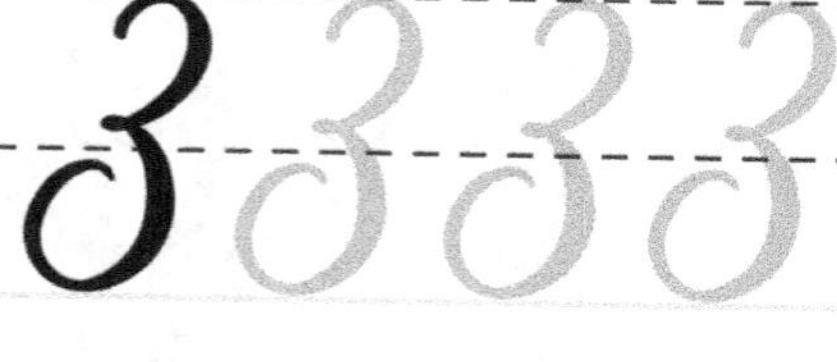

Enlaza LAS LETRAS

Ya aprendiste del capítulo sobre las ilusiones ópticas que las letras requieren más creatividad que habilidades técnicas. Si dibujas las letras a una misma distancia usando una regla, visualmente no se verá armonioso porque el espacio entre las letras no tendrá el mismo volumen.

El interletraje o kerning permite compensar las diferencias visuales en el espaciado.

LT LT

El interletraje es el ajuste de la distancia entre un par de caracteres específico.

VAMOS VAMOS

El espaciado entre letras o tracking es el ajuste de la distancia entre todos los caracteres.

mínimo

mínimo

mínimo

A través del espaciado entre letras, puedes crear diferentes ambientes y lograr efectos visuales diferentes.
Puedes cambiar el peso visual de una palabra en una composición.

Sin embargo, las letras a mano son lo suficientemente diferentes para balancear el espacio vacío dentro de una palabra con la forma de la letra. Puedes hacerlo usando trazos o modificando las partes de las letras según la composición lo requiera.

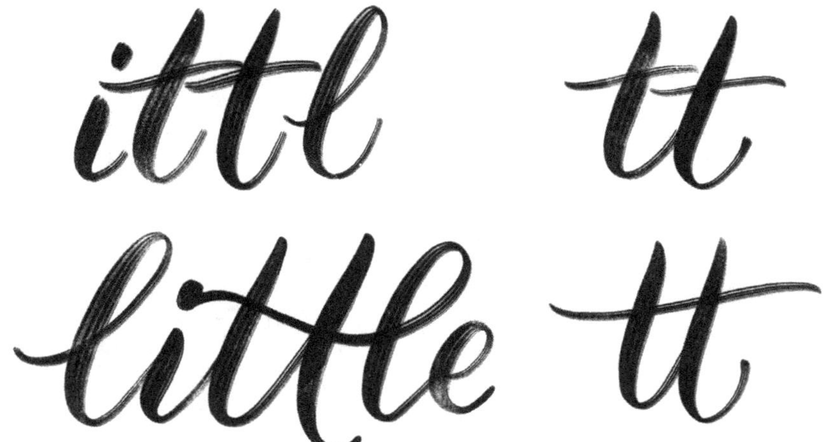

Algunos trazos, por el contrario, pueden estar demasiado cerca y alterar la composición. En tal caso, es común usar una ligadura.

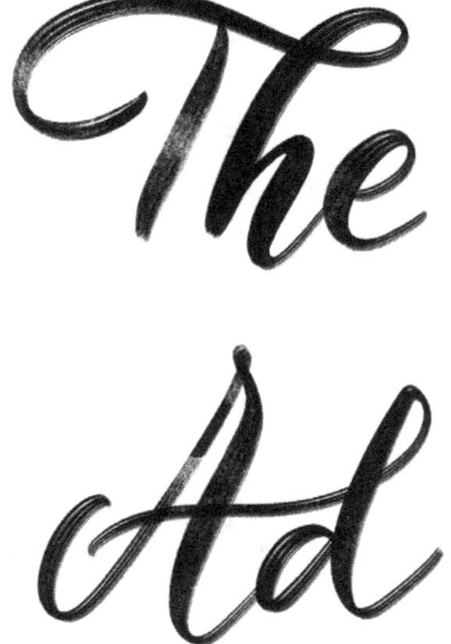

Una ligadura es un signo formado por la combinación de dos o más letras.

Hay muchos tipos de ligaduras; incluso puedes crear las tuyas propias. Simplemente crea las letras y entrelázalas, pero asegurándote de que sean legibles.

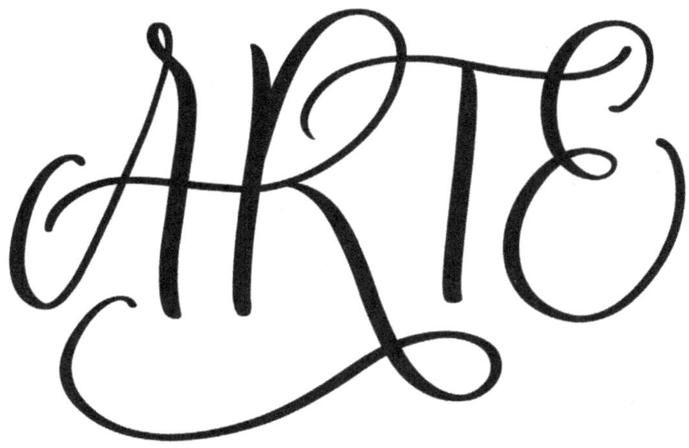

Calienta con ejercicios cada vez que comiences a escribir.

PALABRAS CON BRUSH LETTERING BÁSICO

Practica la escritura de palabras: sigue las pautas y utiliza el espacio en blanco para practicar

Amor

Sueño

crear

Dulce

Beber

Feliz

Chica

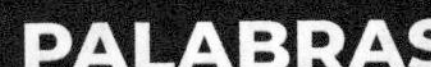

PALABRAS CON BRUSH LETTERING BÁSICO

Practica la escritura de palabras: sigue las pautas y utiliza el espacio en blanco para practicar

Manzana

Trabajar

Bailar

Vida

Perro

Alegría

Hola

Practica la escritura de palabras: sigue las pautas y utiliza el espacio en blanco para practicar

Vamos

Comenzar

Diversión

Luna

Iniciar

Gato

Letra

Falsa CALIGRAFÍA

Para esta práctica, la mejor solución es un bolígrafo o un delineador, pero eres libre para usar cualquier tipo de herramienta para escribir: rotuladores, tizas, bolígrafos o pintura.

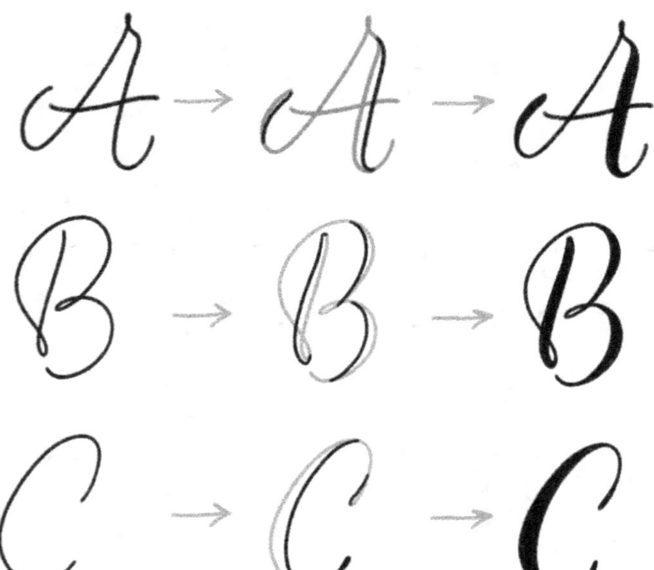

La falsa caligrafía es la escritura de letras caligráficas con una herramienta no caligráfica. Tú ya sabes cómo dibujar líneas con y sin presión usando una pluma. El siguiente paso es imitar la presión dibujando con espesor.
Este método es perfecto para las composiciones de letras. Si quieres hacer caligrafía clásica, será mejor, por supuesto, que uses herramientas clásicas. Pero hacer caligrafía es una forma divertida y fácil de dedicar más tiempo a pensar en la composición de los trazos y el diseño de las letras.

El grosor debe adicionarse de tal forma que no altere el espacio dentro de las letras. Asegúrate de dejar espacio suficiente para el enlace de las letras.

Dibuja estos enlaces en los trazos descendentes. Aumenta y disminuye el grosor de forma suave, sin cambios abruptos.

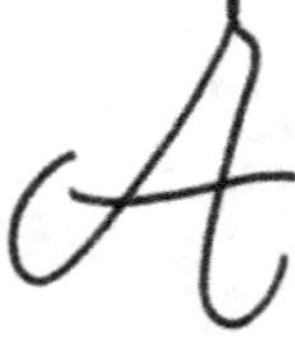
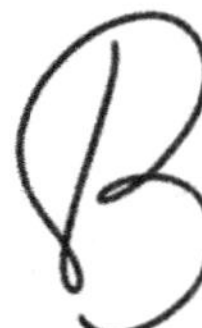
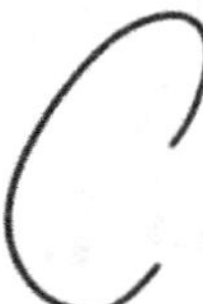

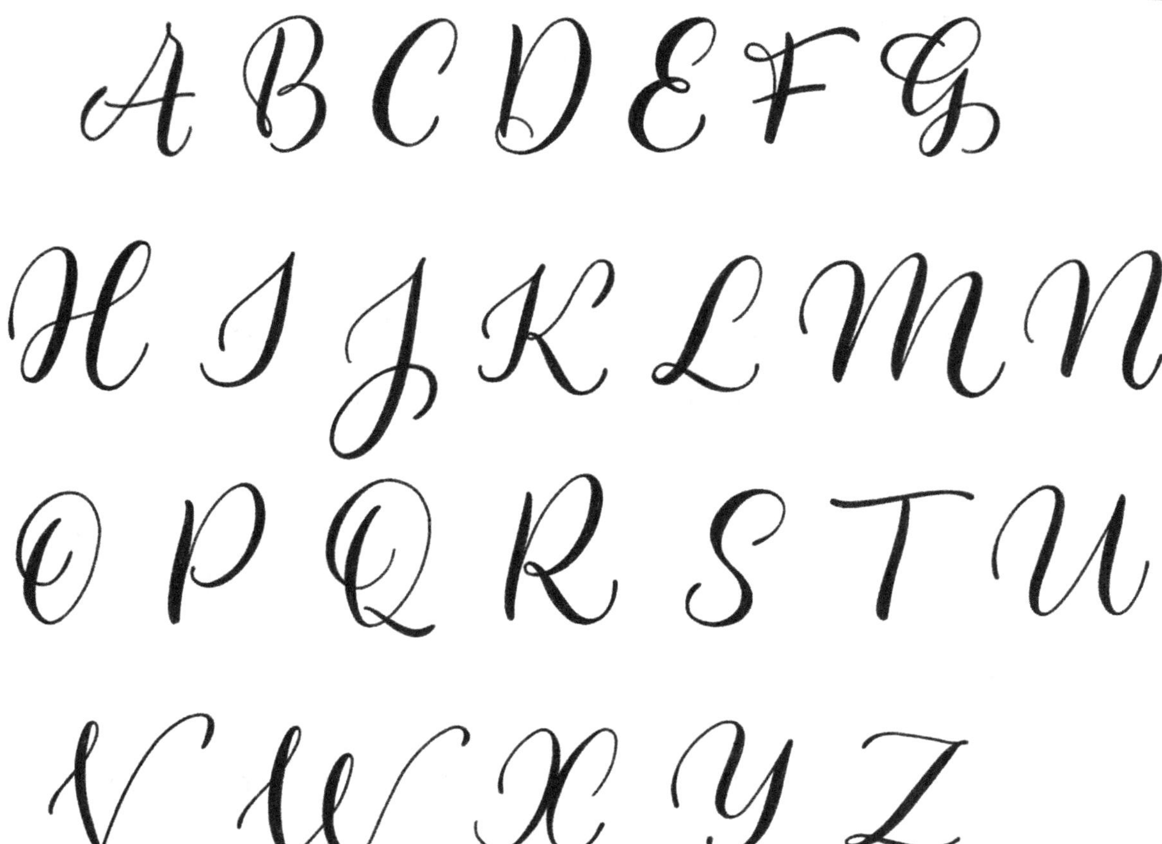

Dibuja nuevamente este alfabeto usando un lápiz o un bolígrafo

FALSA CALIGRAFÍA

Dibuja nuevamente estas letras.

La practica hace al maestro

La practica hace al maestro

Mantén el mismo grosor en tus trazos descendentes.

Intenta llenar las astas con texturas.

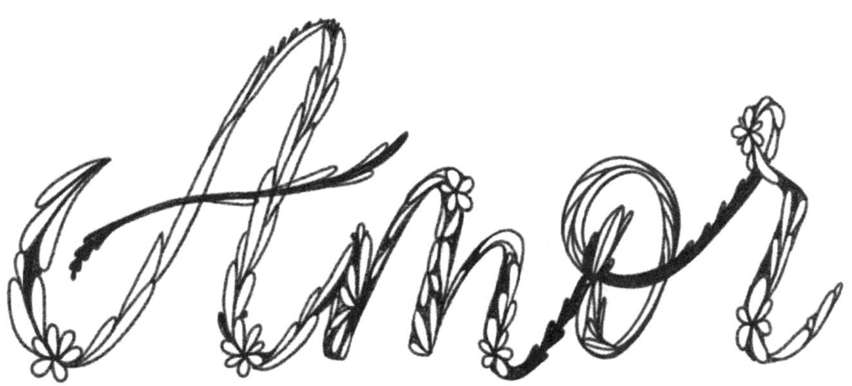

Estilos **DE LETRAS**

El primer paso para aprender caligrafía es aprender los alfabetos.
Sin embargo, más adelante serás capaz de crear tus propias
reglas para las letras. Estas reglas incluyen:

Ángulo de inclinación ─────────────────────────────

Proporciones ─────────────────────────────

Contraste ─────────────────────────────

Estilo del trazo o de la serifa ─────────────────────────────

Una vez que hayas tomado una decisión con respecto a estos parámetros, podrás dibujar tu propio alfabeto.

Cuando se trata de creatividad, ¡todo es posible!

¿Cuántas formas de dibujar la letra A puedes imaginar?

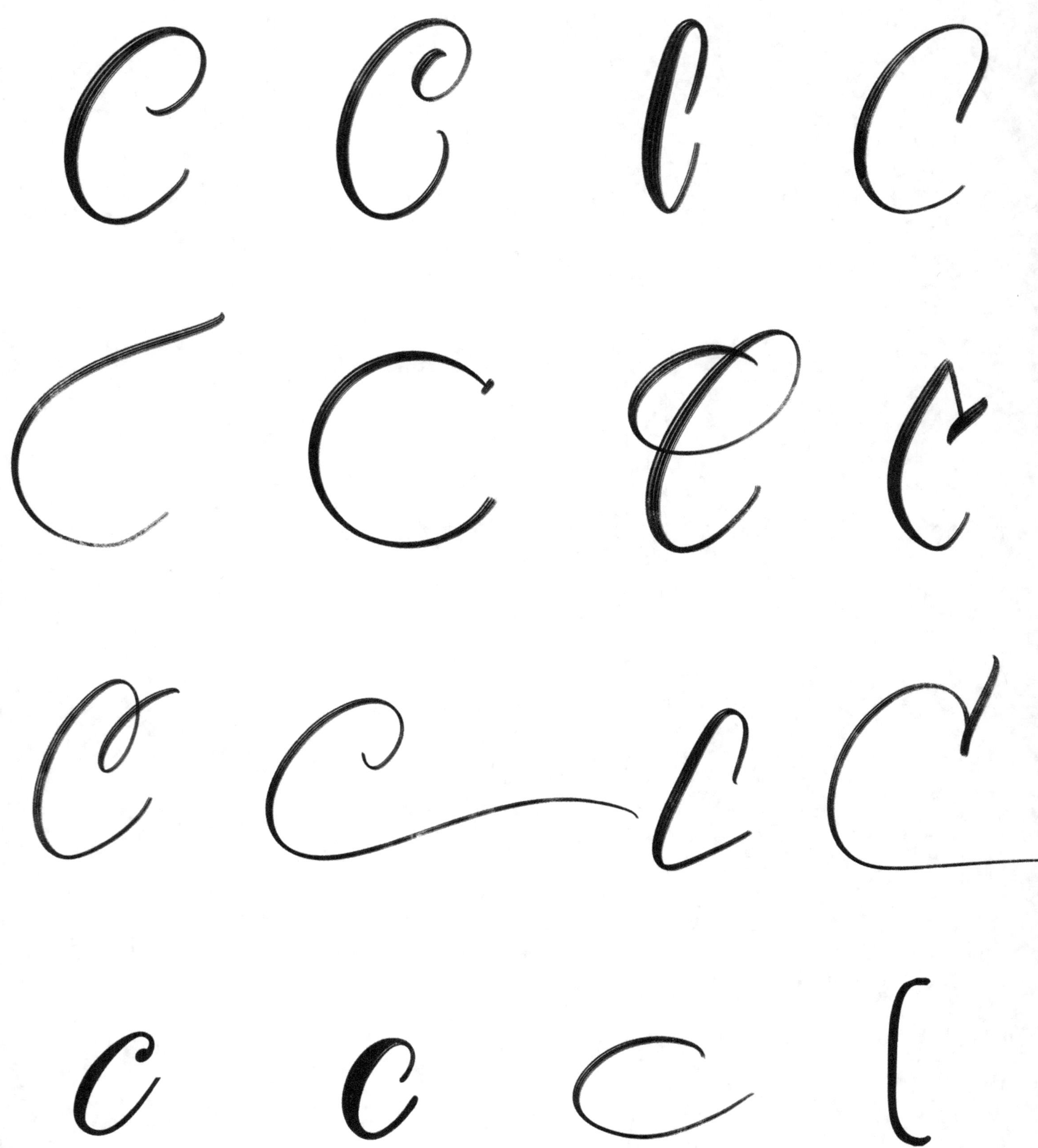

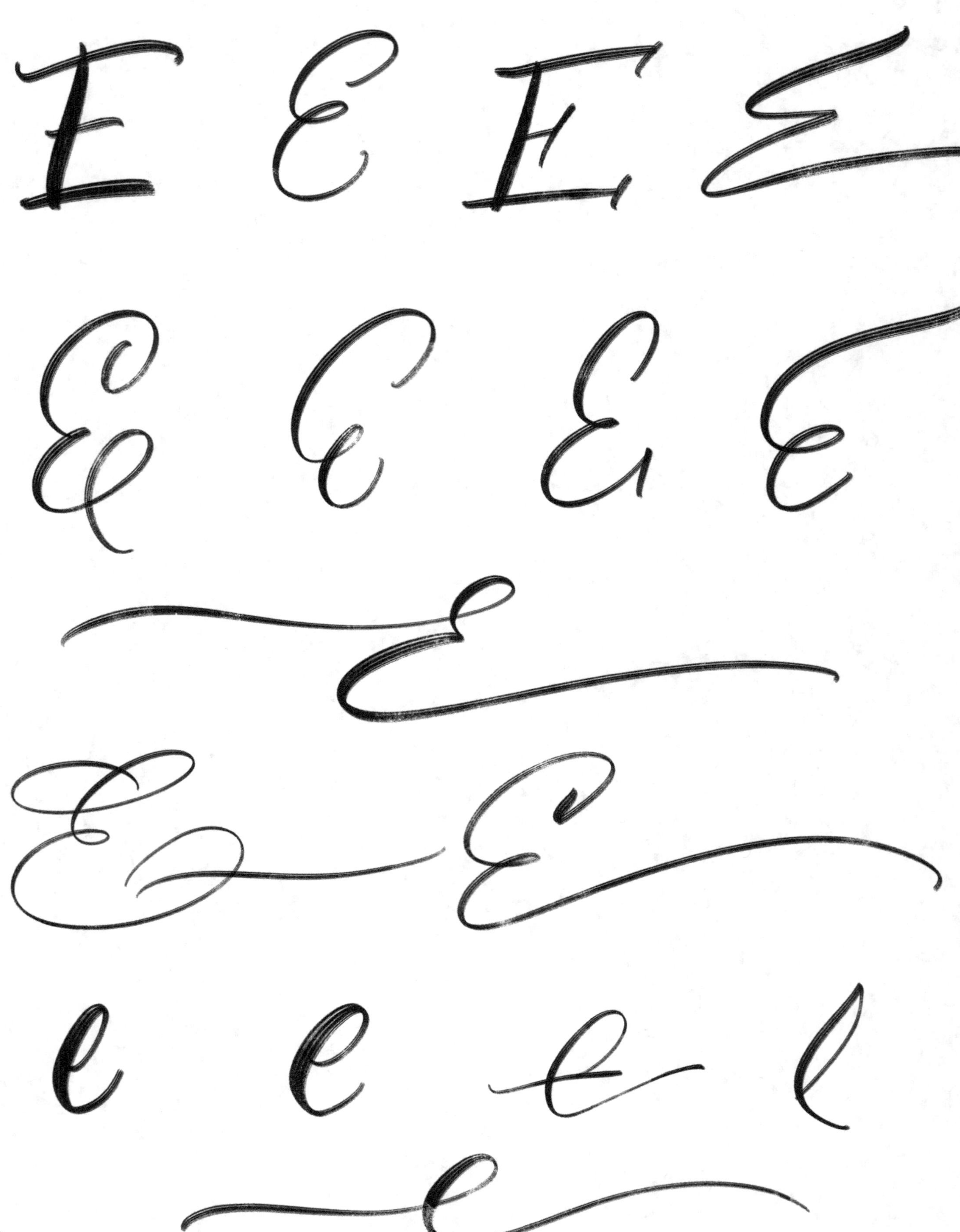

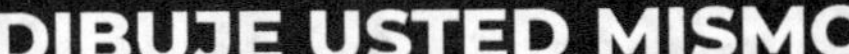

DIBUJE USTED MISMO

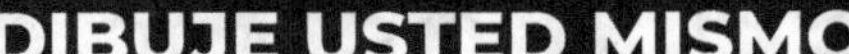

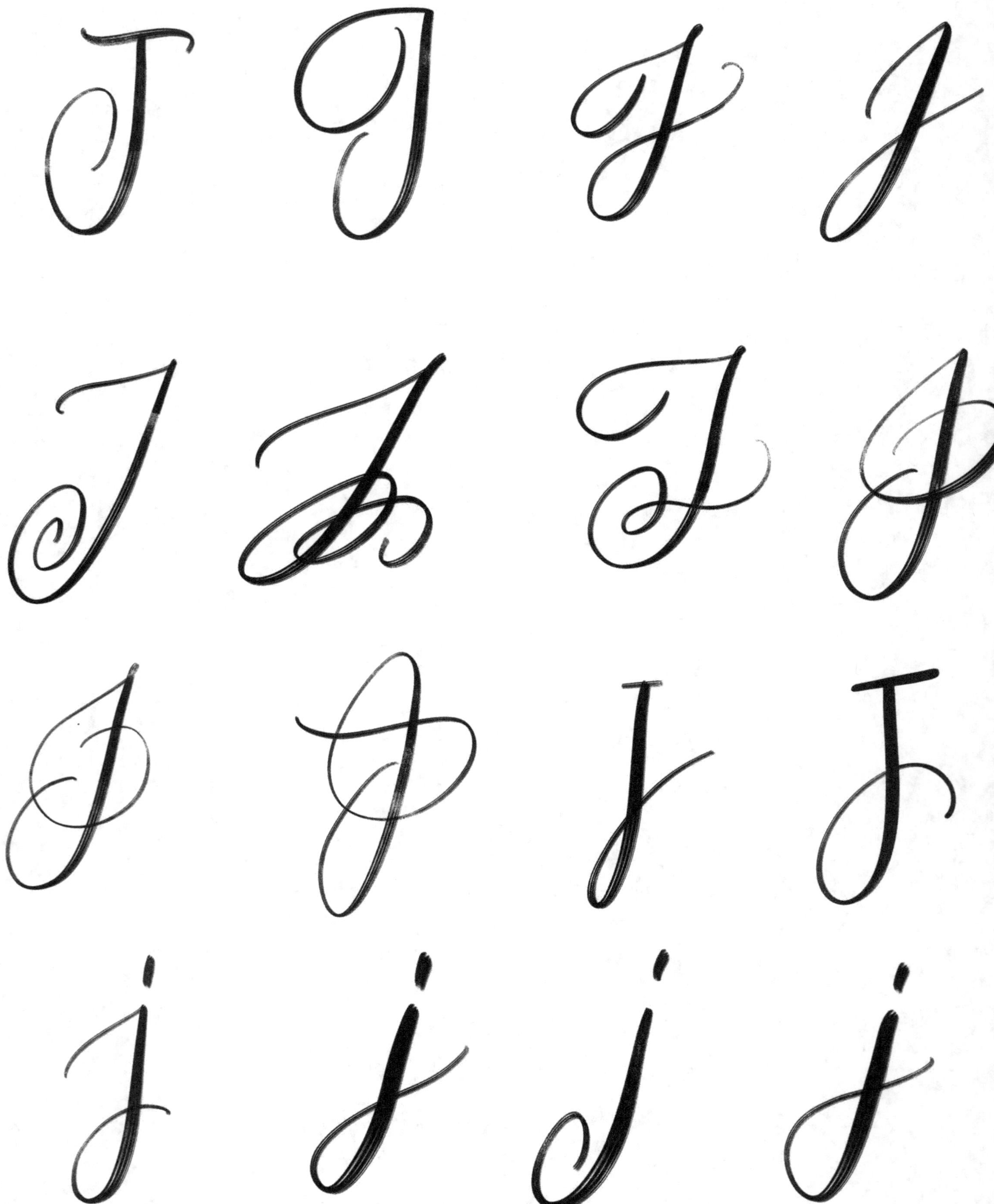

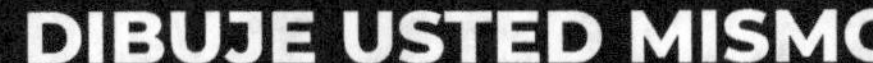

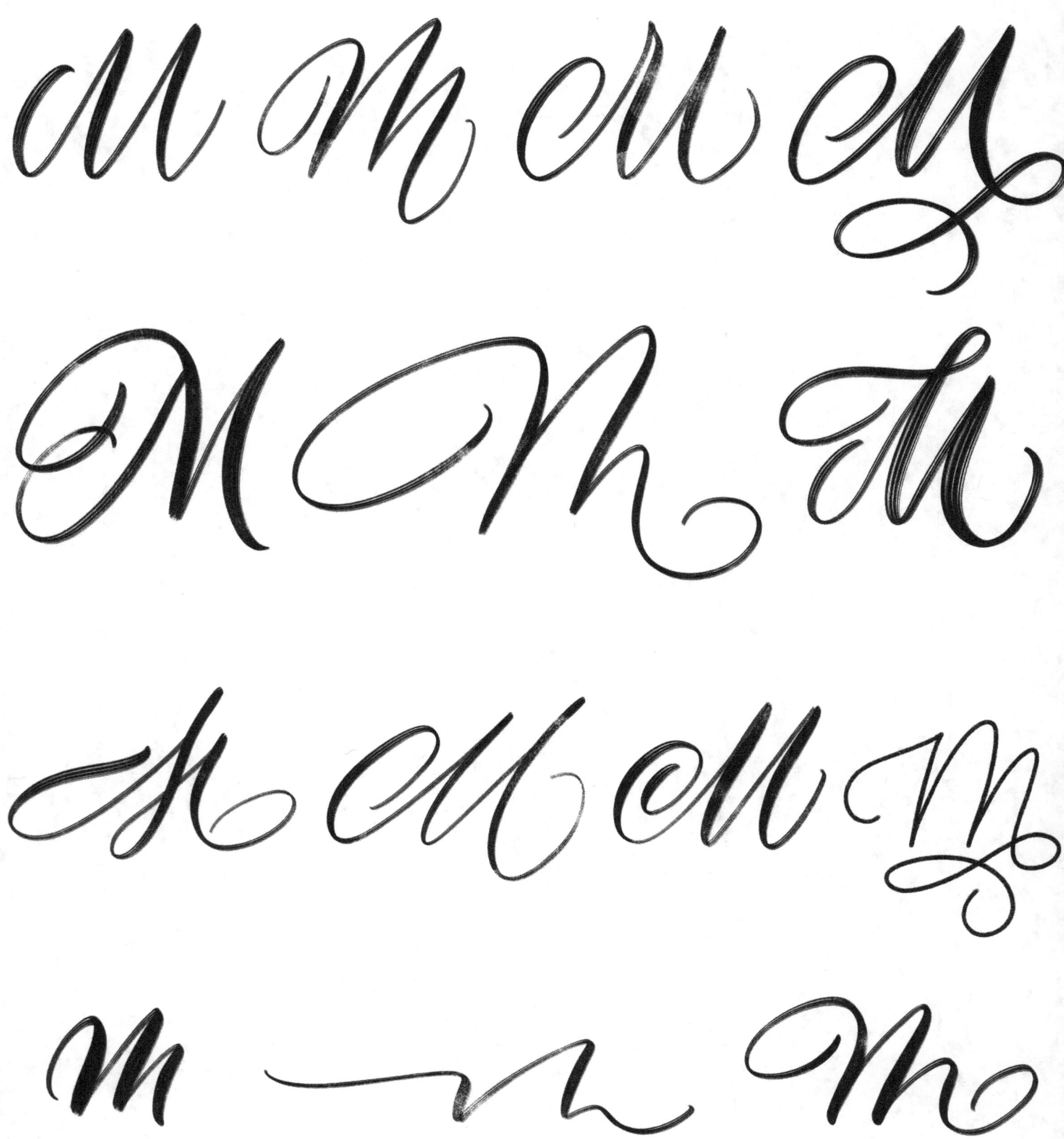

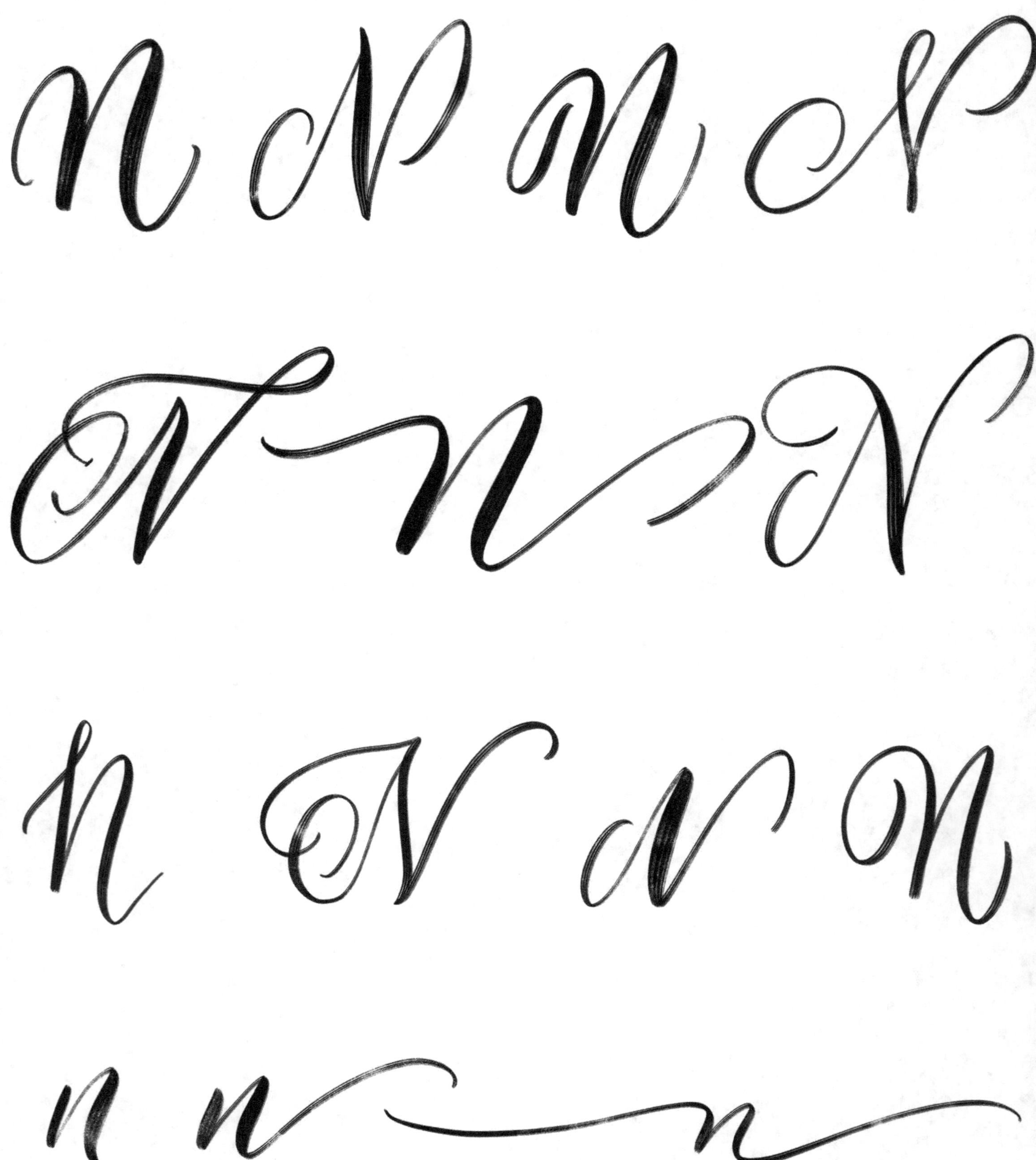

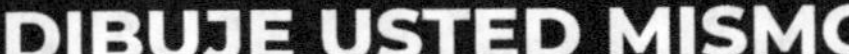

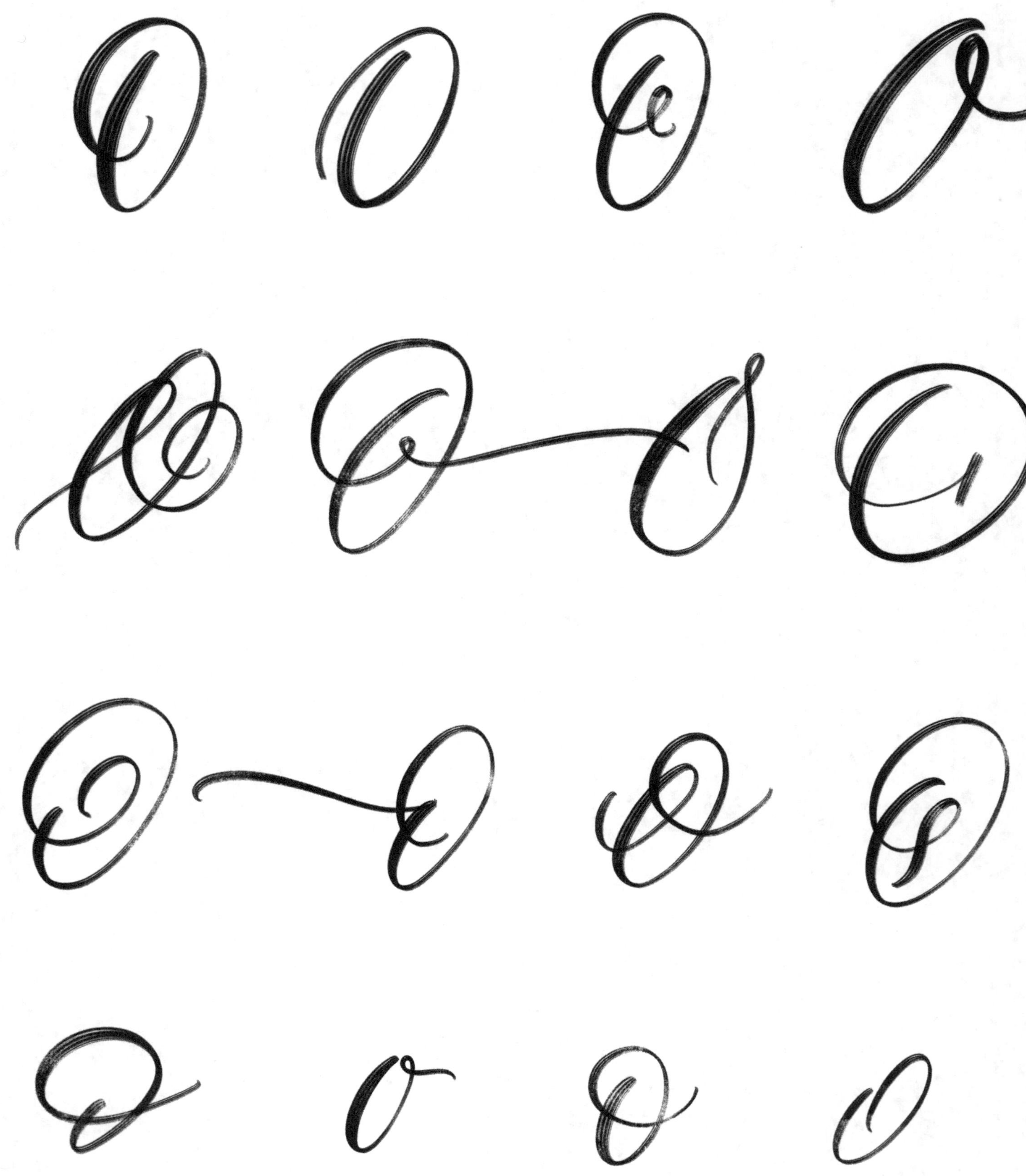

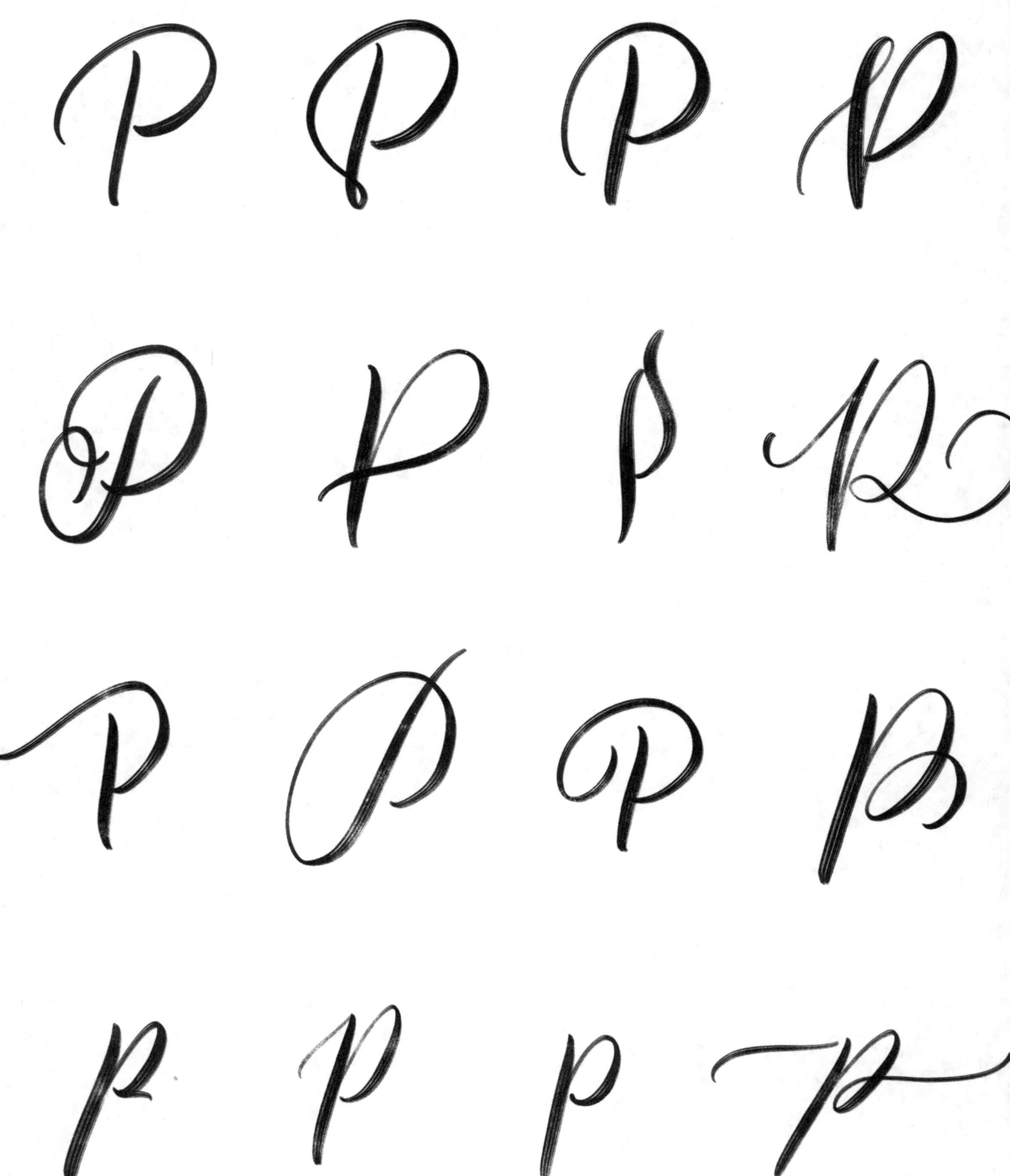

ESTILOS DE LETRAS

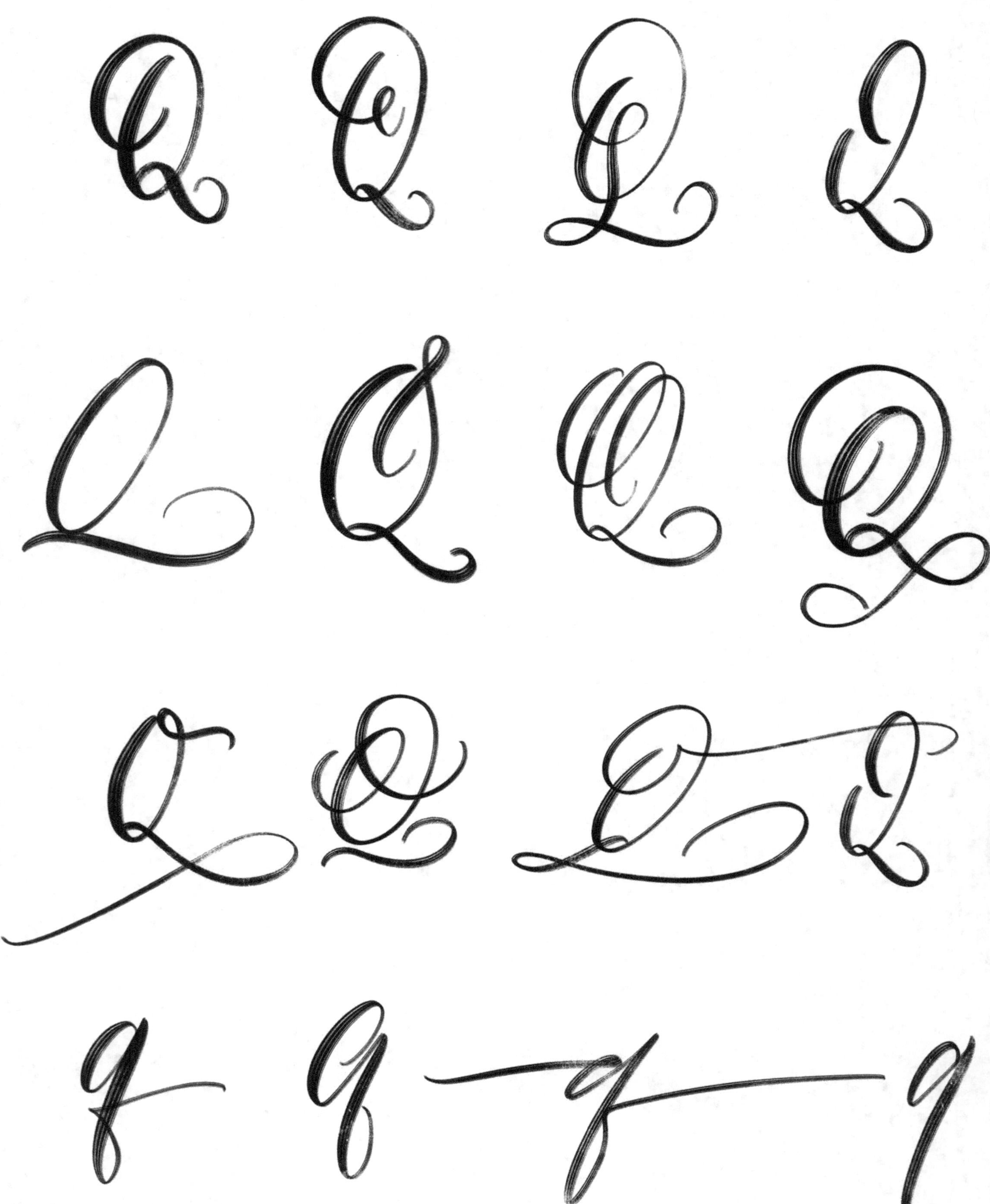

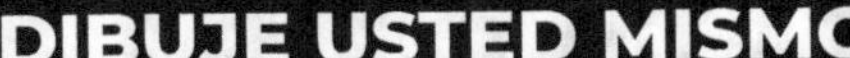

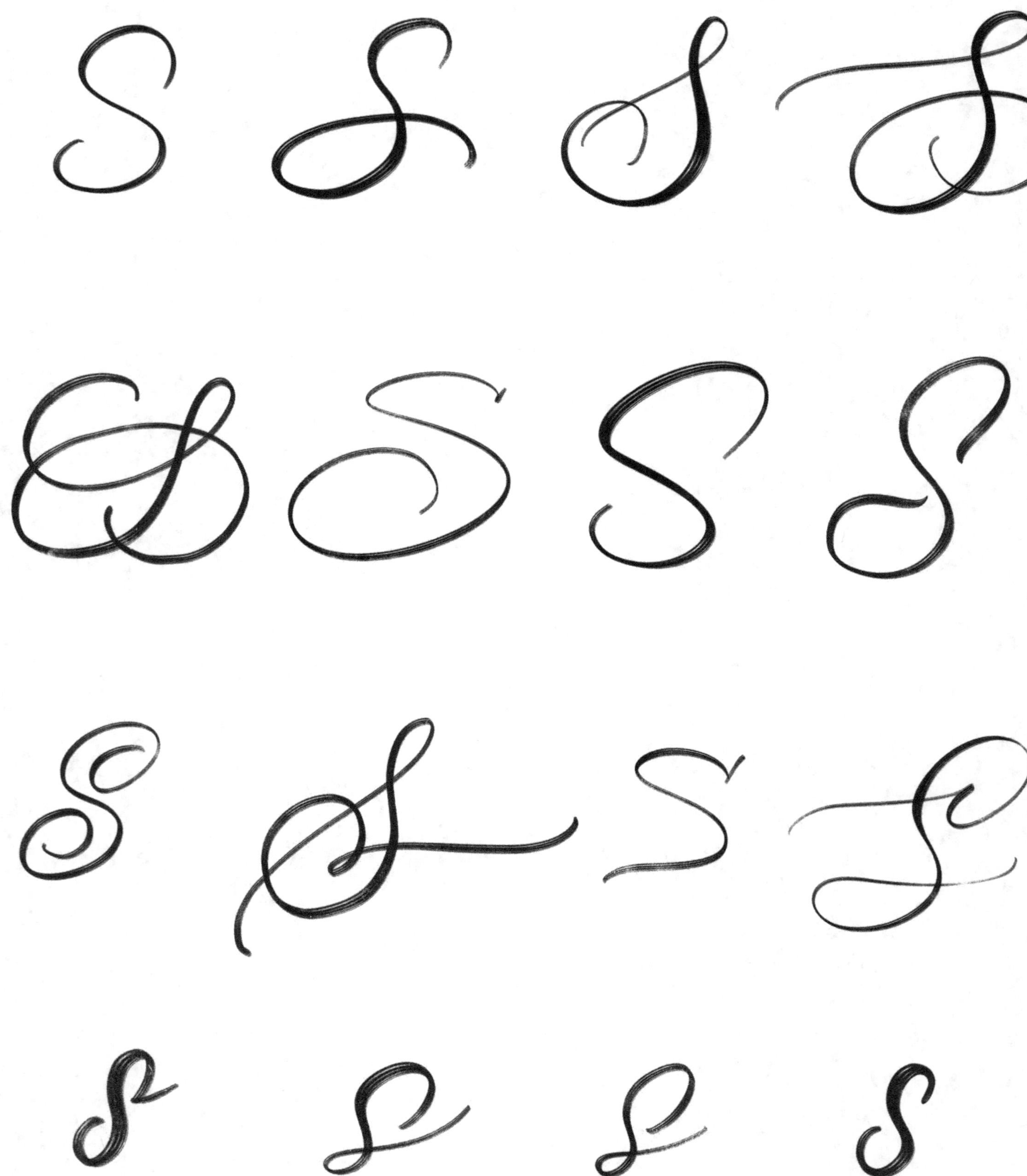

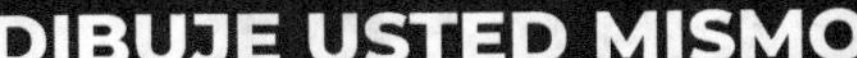

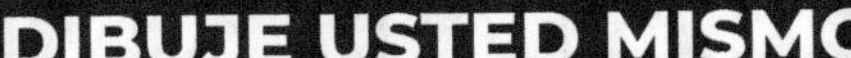

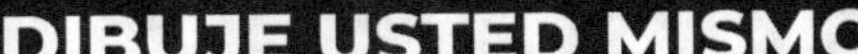

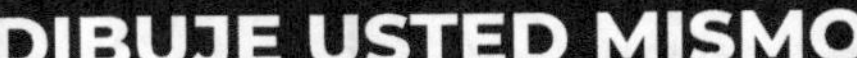

La composición

DE LAS LETRAS

Las letras se fusionan en palabras o frases para formar una sola unidad, dentro de la cual rigen las mismas reglas de composición, como en cualquier otra imagen artística.

La composición es bonita y armoniosa si los elementos dentro de ella no se fragmentan y si están conectados por alguna regla común. Puede ser el uso de una cuadrícula, la simetría o el ritmo de los trazos individuales.

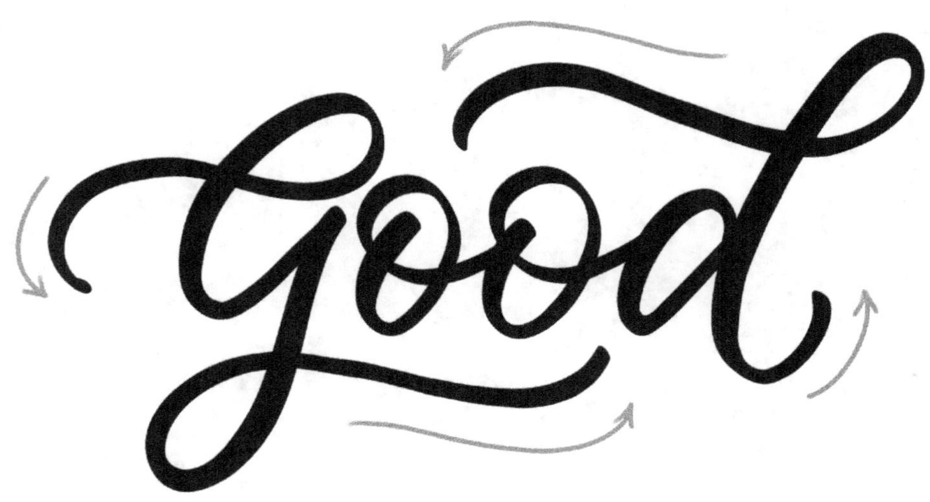

Empieza a pensar en la composición haciendo algunos bocetos simples. Usa formas geométricas e inscribe luego las palabras en ellas.

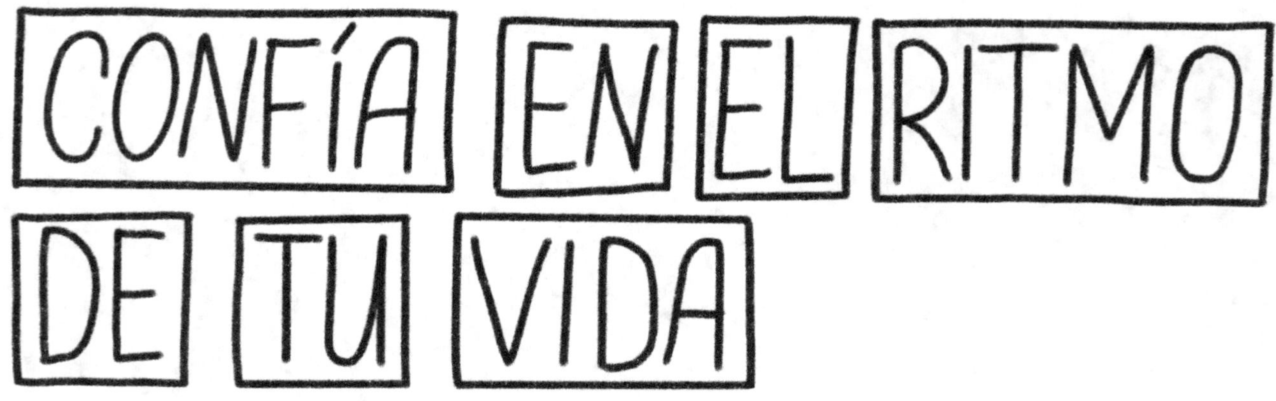

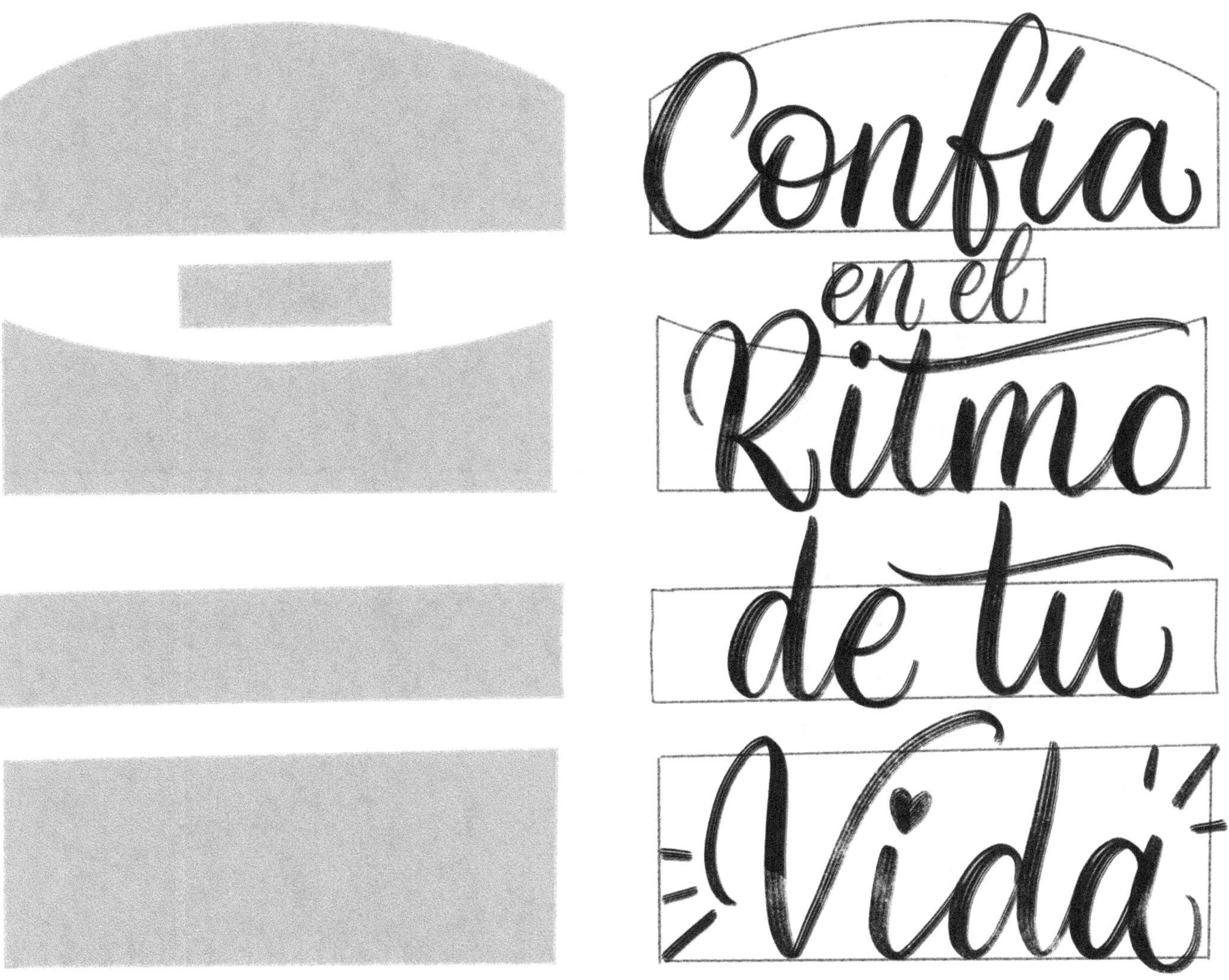

Crea tu propia composición

LA COMPOSICIÓN DE LAS LETRAS

Utiliza estos diagramas para crear nuevas composiciones de letras.

ENFÓCATE EN LO BUENO

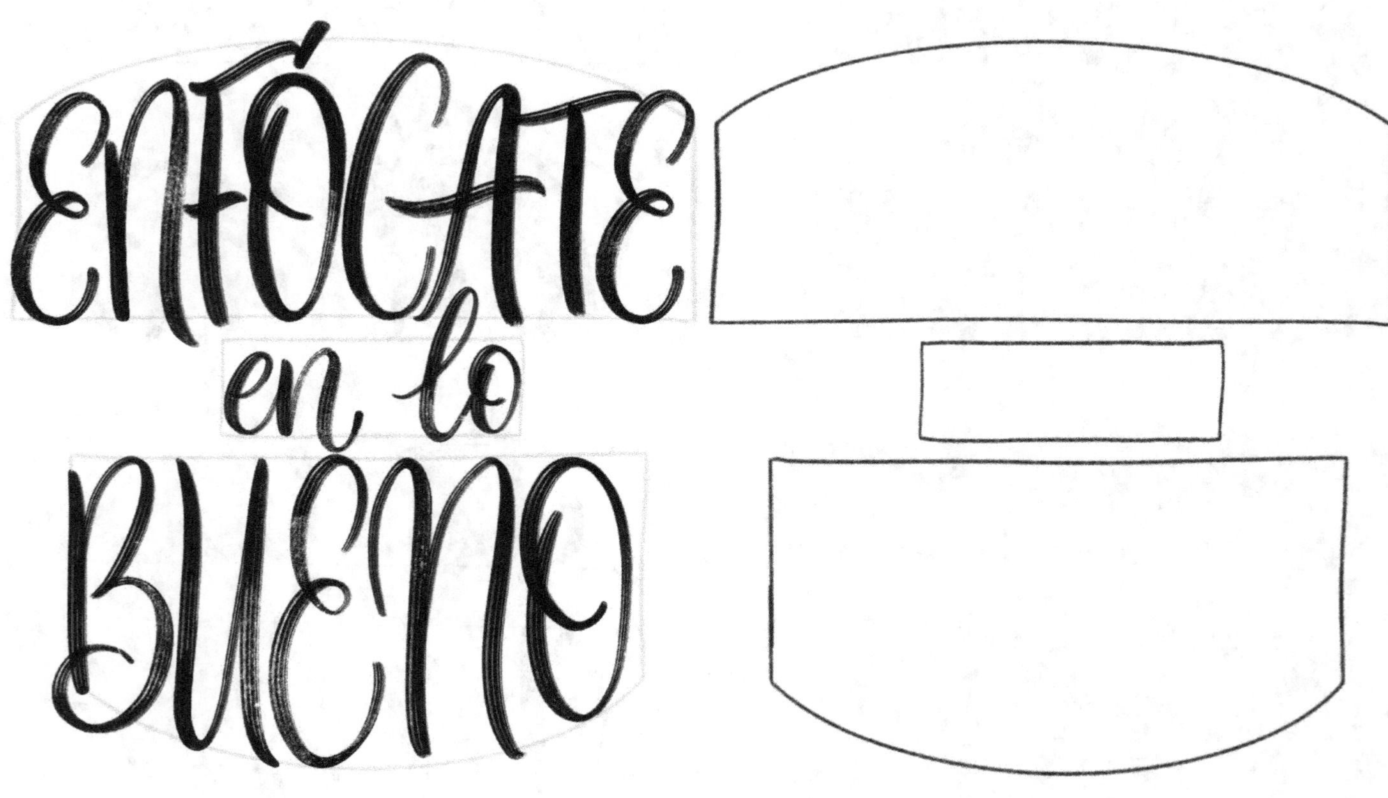

SIN RIESGO NO HAY HISTORIA

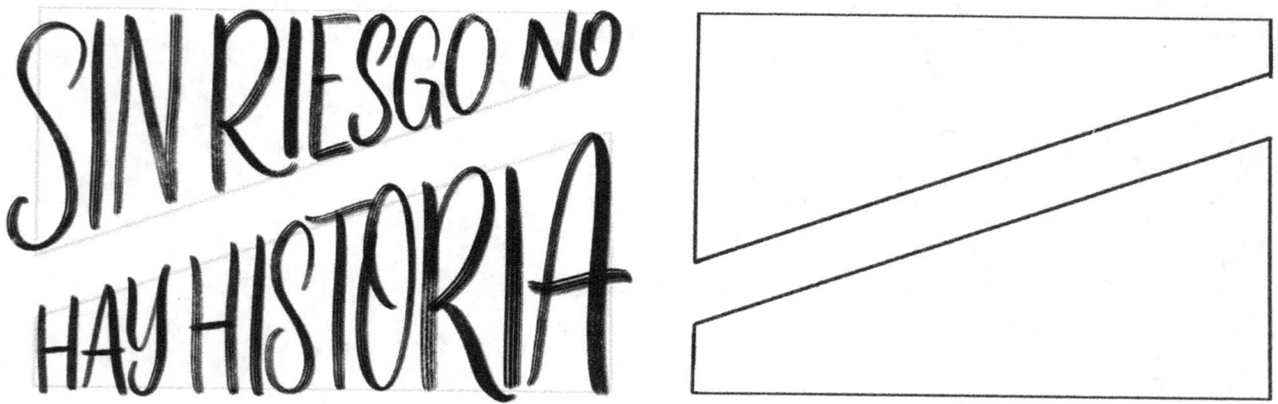

Elementos DECORATIVOS

A la composición de una palabra se le pueden agregar imágenes diferentes. Pequeñas decoraciones o grandes ilustraciones. Mantente atento a la jerarquía de la composición: determina qué es lo principal y qué es secundario. Ubica los acentos de tal forma que le transmitan el mensaje al lector en lugar de distraerlo.

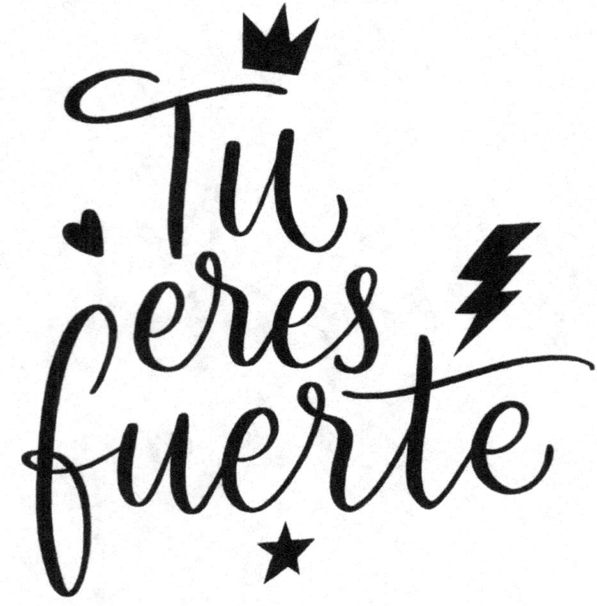

Escribe las palabras en diferentes variantes y observa las distintas formas de escritura de las letras que estructuran la composición. Encuentra las peculiaridades que surgen, en tu propio caso, cuando las letras se unen tal y como son.

Libertad CREATIVA

¡Las letras le ofrecen un campo ilimitado a la creatividad! Inspírate con nuevas ideas y crea nuevos estilos de letras. ¡Y no olvides dedicar un tiempo para practicar diariamente!

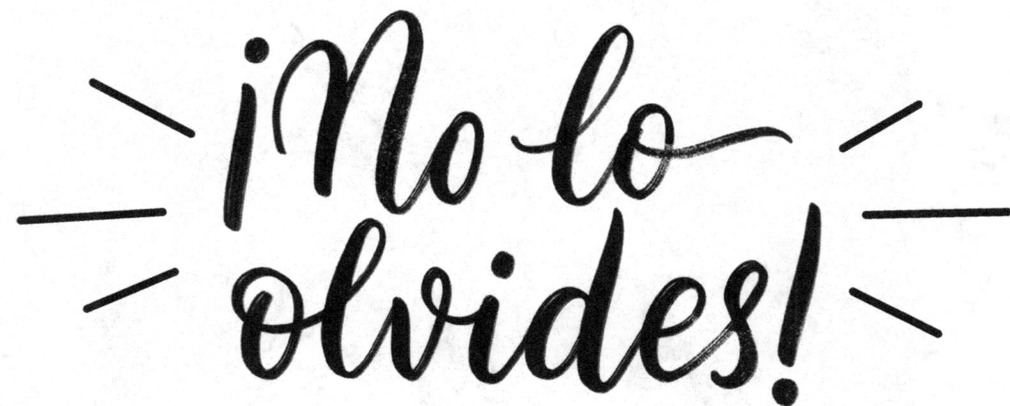

Usa letras bonitas en tu vida diaria — firma tarjetas, regalos o cartas para tus seres queridos— ¡y haz de este mundo un lugar mejor!

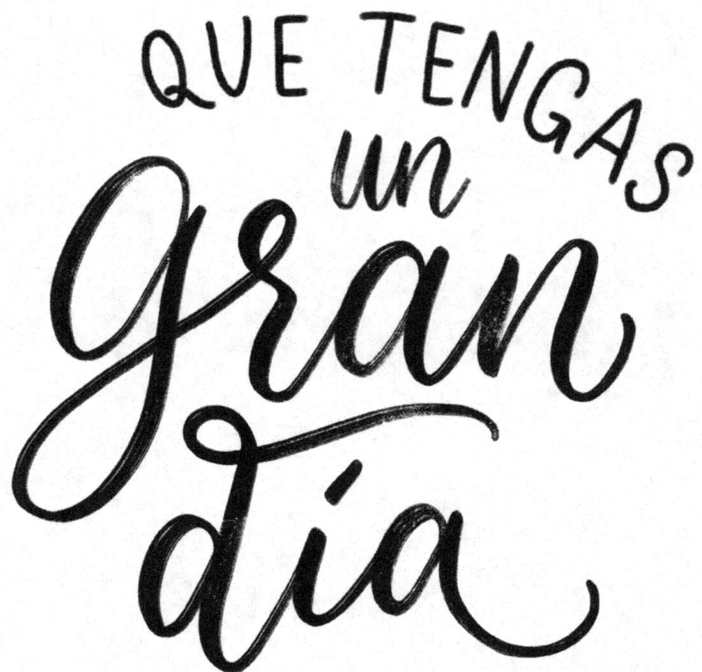

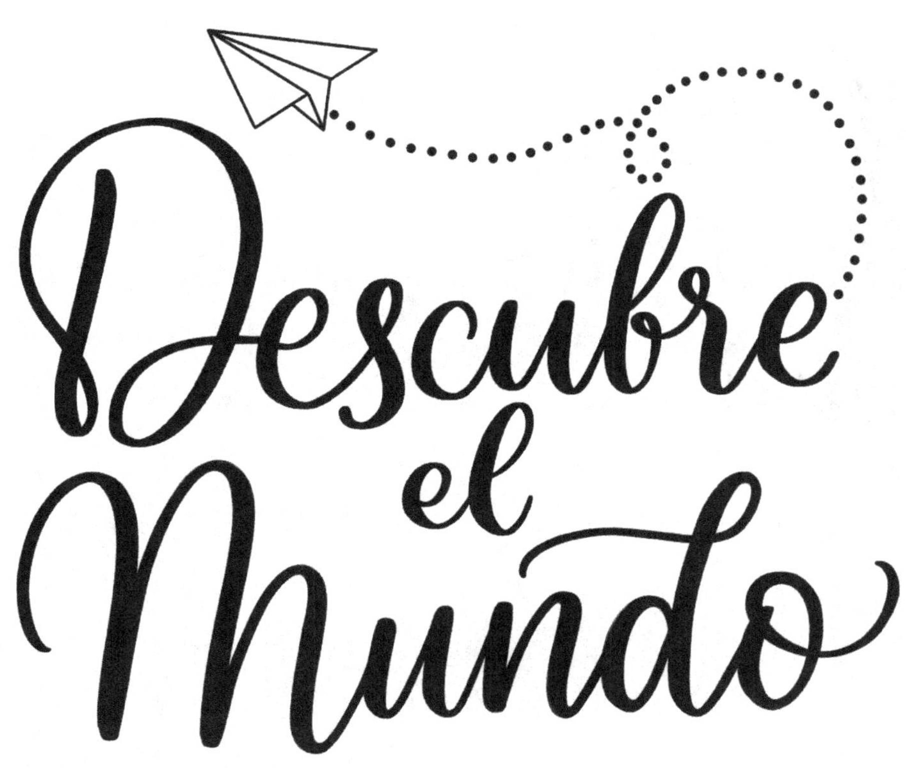
Descubre
el
Mundo

Disfruta las pequeñas cosas ———————— Dibuja con un ejemplo ——————————

Disfruta las pequeñas cosas

Dibújalo de nuevo tú mismo ——————— Crea tu propia composición ——————

Mente feliz, vida feliz ———————— Dibuja con un ejemplo ————————

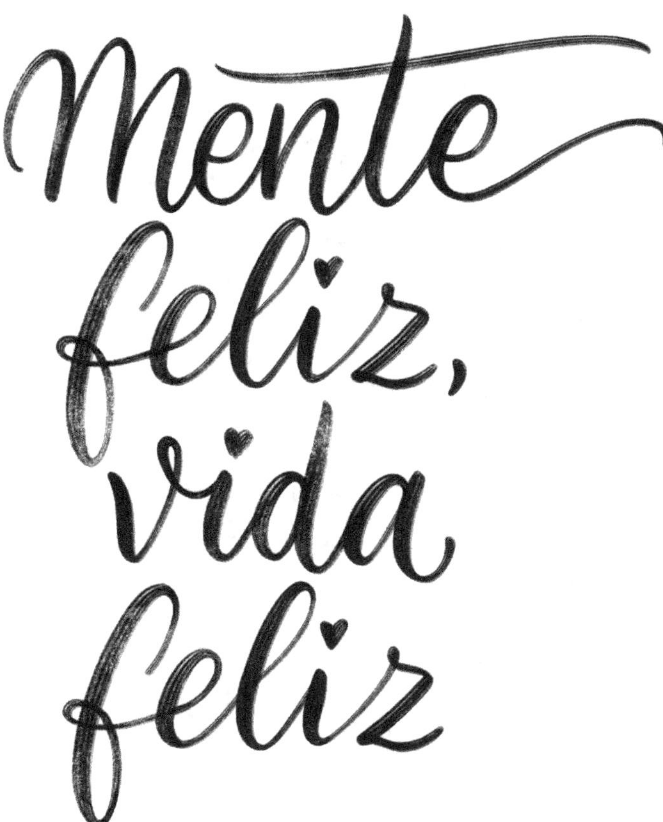

Dibújalo de nuevo tú mismo ——————— Crea tu propia composición ————————

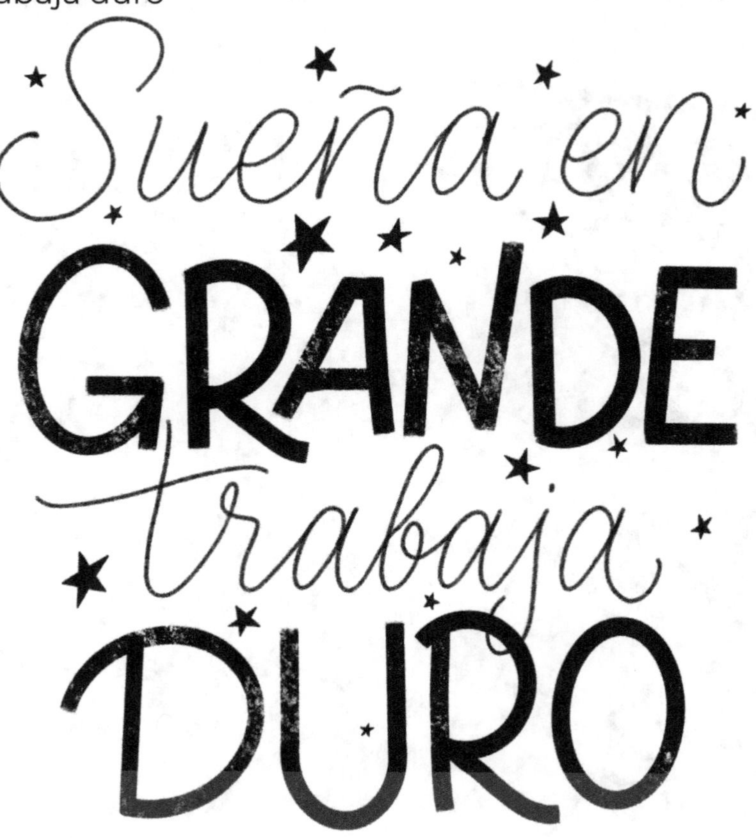

Dibuja con un ejemplo ───────────────

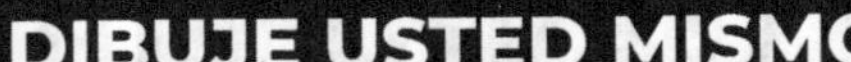

Dibújalo de nuevo tú mismo

Crea tu propia composición

Disfruta el momento

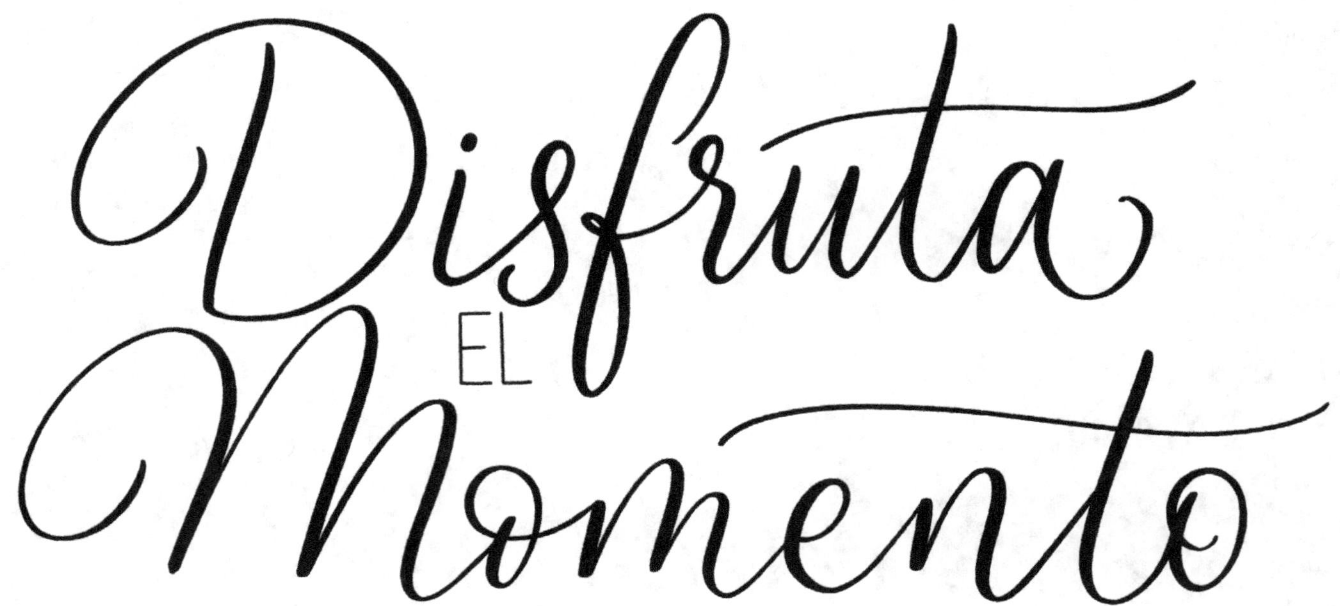

Dibuja con un ejemplo

Dibújalo de nuevo tú mismo

Crea tu propia composición

DISEÑOS FINALES

Dibuja con un ejemplo ——————————

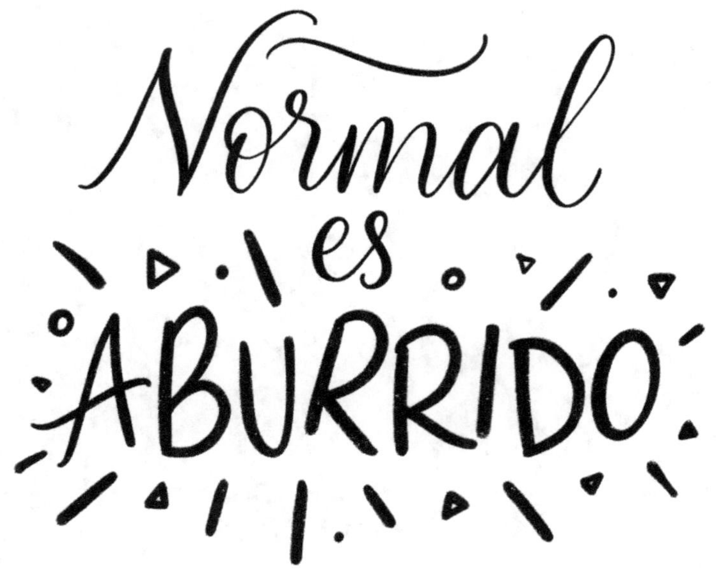

Dibújalo de nuevo tú mismo ———————   Crea tu propia composición ———————

Confía en el proceso ———————— Dibuja con un ejemplo ————

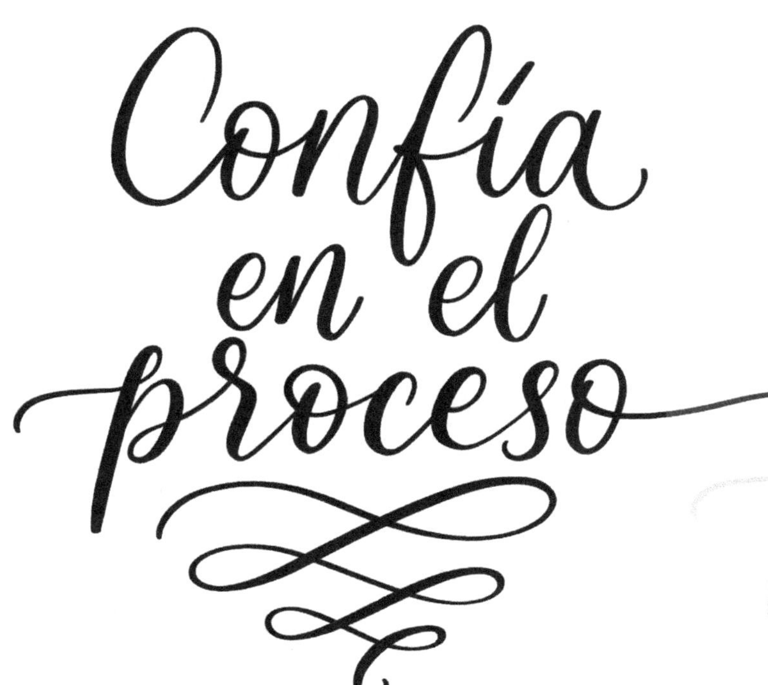

Dibújalo de nuevo tú mismo ———————— Crea tu propia composición ————

DISEÑOS FINALES

Lo único que tienes es el ahora ———— Dibuja con un ejemplo ————

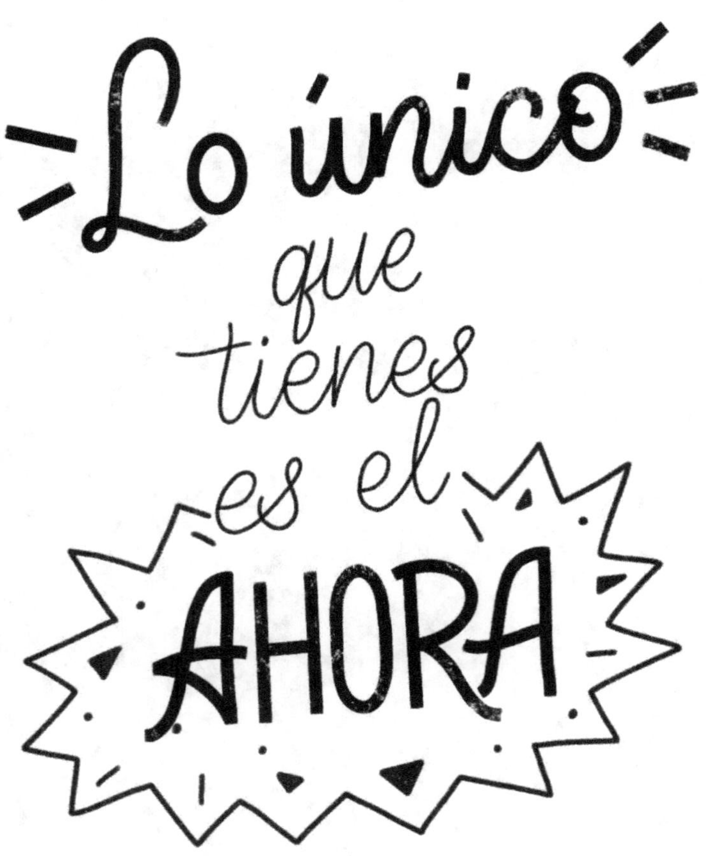

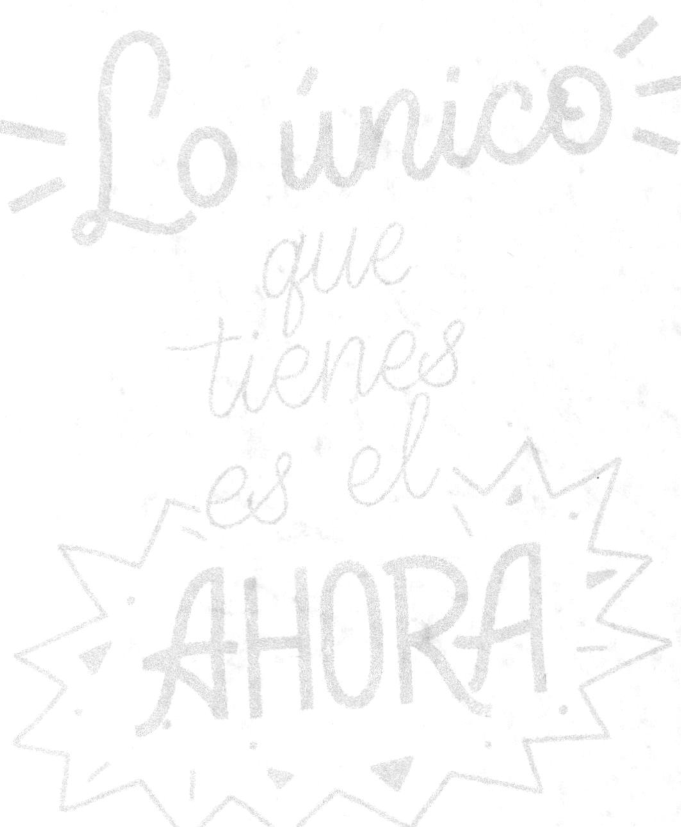

Dibújalo de nuevo tú mismo ———— Crea tu propia composición ————

Inhala, exhala ——————————— Dibuja con un ejemplo ——————

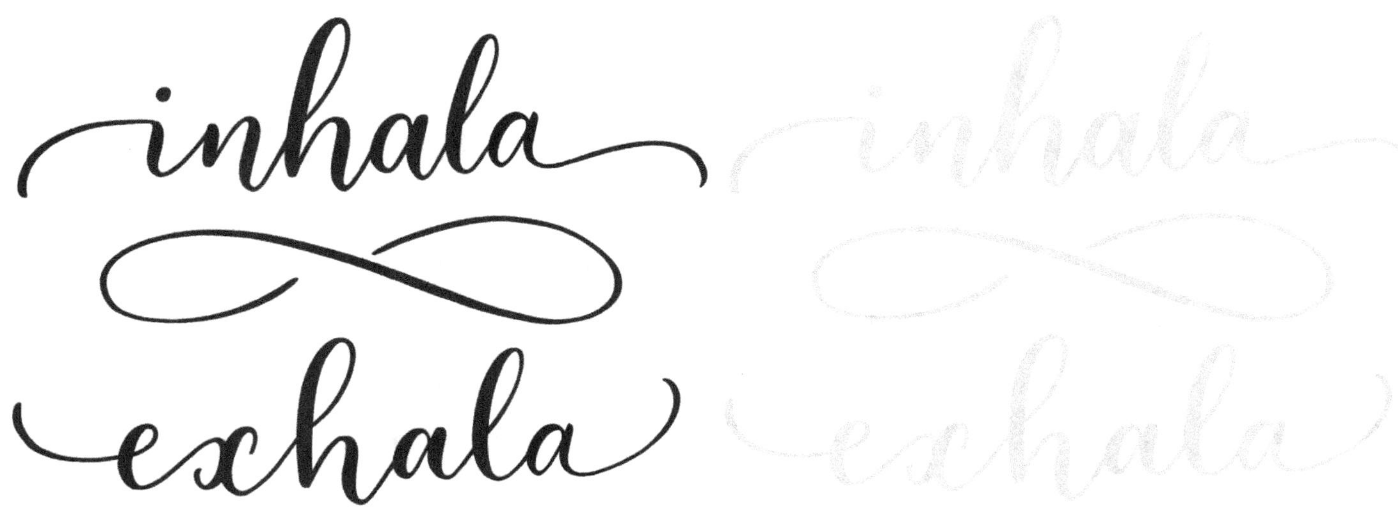

Dibújalo de nuevo tú mismo ————— Crea tu propia composición —————

DISEÑOS FINALES

Pero primero, café ————————————

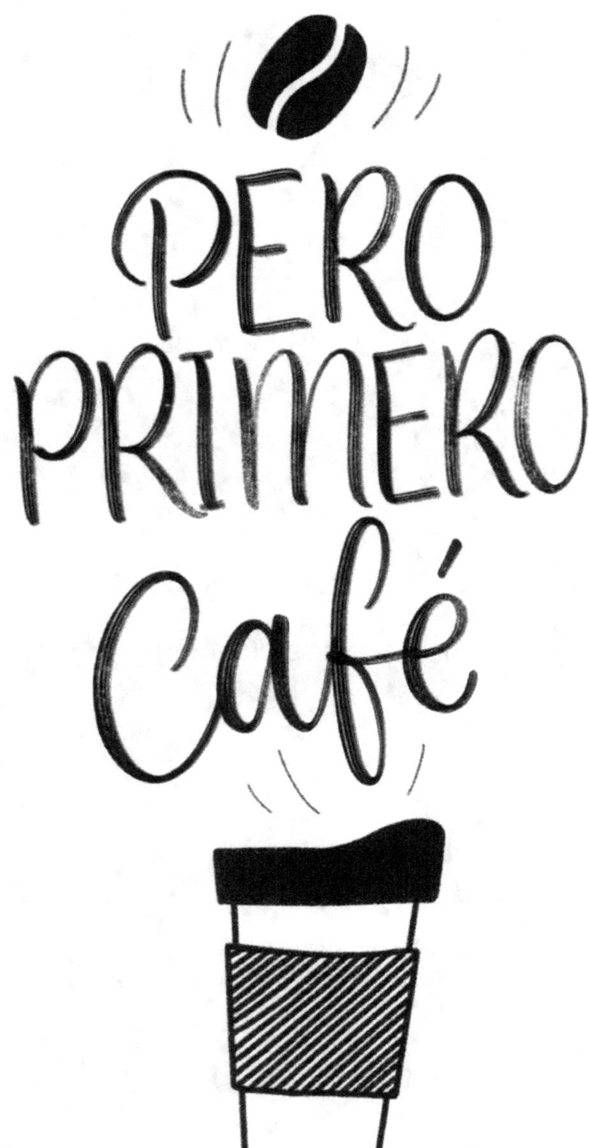

Dibuja con un ejemplo ————————————

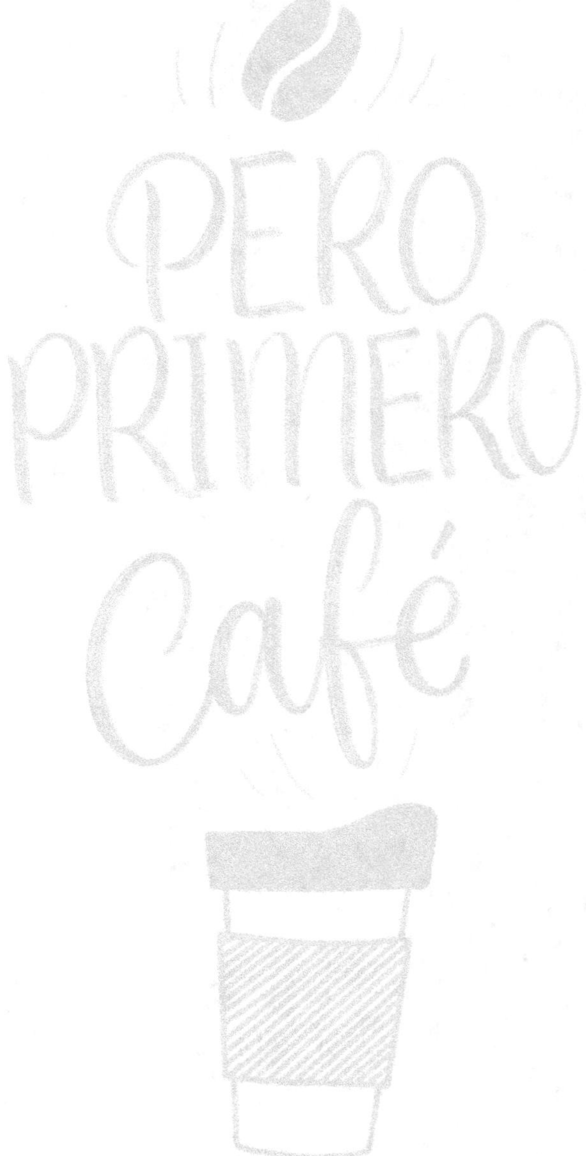

Dibújalo de nuevo tú mismo ————————— Crea tu propia composición —————————

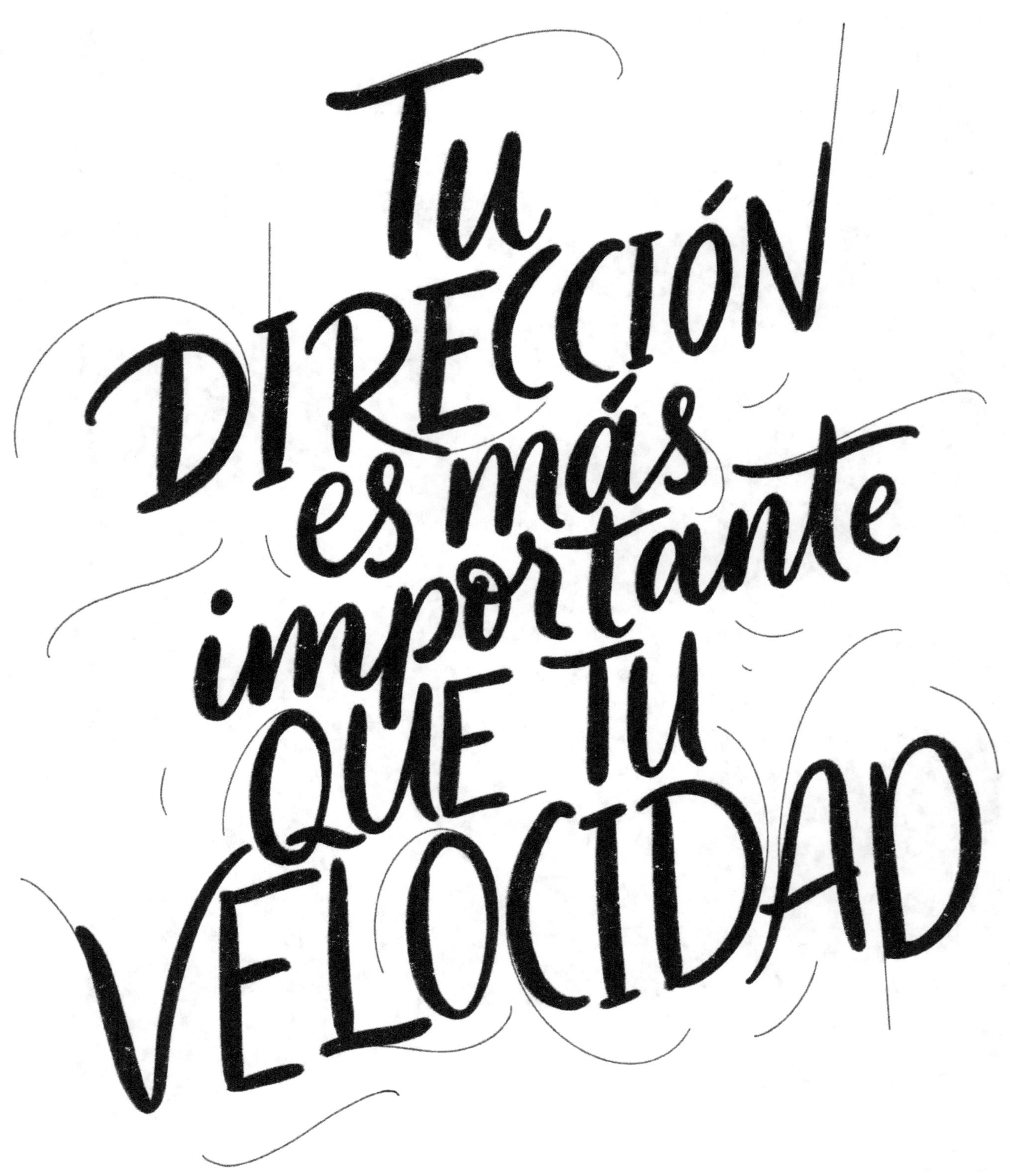

Tu
DIRECCIÓN
es más
importante
QUE TU
VELOCIDAD

Dibuja con un ejemplo

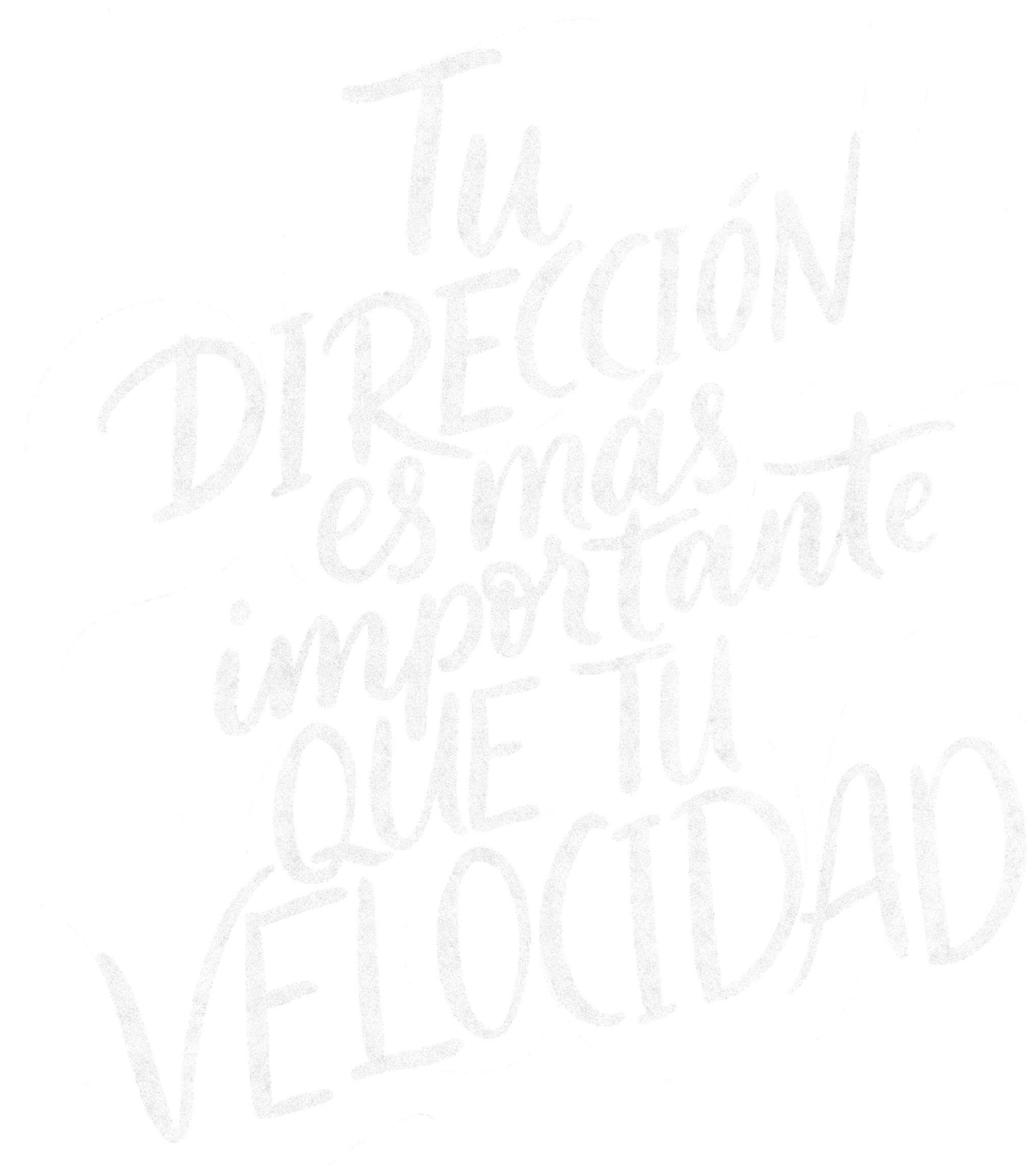

DISEÑOS FINALES
Crea tu propia composición

Ayúdanos DEJANDO UNA RESEÑA EN AMAZON

Esperamos que hayas disfrutado este libro y que tu viaje al arte de la caligrafía haya comenzado de la mejor manera posible.

Realmente es muy importante para nosotros recibir tu opinión acerca de la guía, esto ayudará a otros artistas a conocerla y a usarla.

Abajo te explicamos cómo hacerlo:

1. Ve a Amazon desde tu perfil y haz clic en "Mis pedidos"

2. Busca este libro

3. Haz clic en "Escribir mi opinión"

4. Déjanos tu calificación y, si quieres, ¡añade algunas fotos de tu progreso y de tus fantásticas creaciones!

SOLUCIÓN RÁPIDA: ESCANEA EL CÓDIGO QR ABAJO

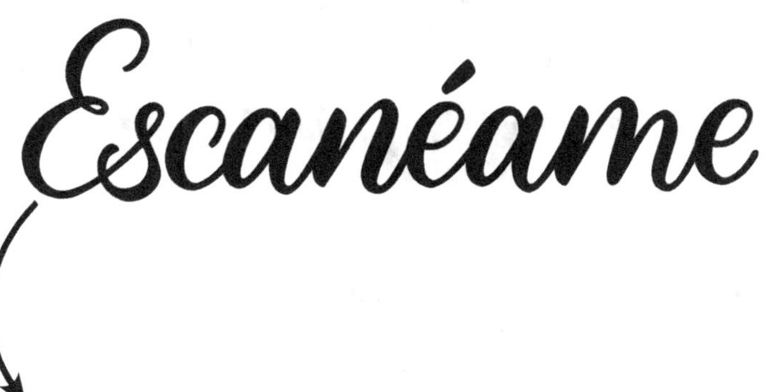

Escanéame

¡*Muchas gracias* POR TU AYUDA!

No tienes QUE SER PERFECTO para ser Maravilloso